I0156008

AZERBAIJANO

VOCABULÁRIO

PORTUGUÊS BRASILEIRO

PORTUGUÊS AZERBAIJANO

Para alargar o seu léxico e apurar as suas competências linguísticas

7000 palavras

Vocabulário Português Brasileiro-Azerbaijano - 7000 palavras

Por Andrey Taranov

Os vocabulários da T&P Books destinam-se a ajudar a aprender, a memorizar, e a rever palavras estrangeiras. O dicionário é dividido em temas, cobrindo todas as principais esferas de atividades quotidianas, negócios, ciência, cultura, etc.

O processo de aprendizagem, utilizando os dicionários baseados em temáticas da T&P Books dá-lhe as seguintes vantagens:

- Informação de origem corretamente agrupada predetermina o sucesso em fases subsequentes da memorização de palavras
- Disponibilização de palavras derivadas da mesma raiz, o que permite a memorização de unidades de texto (em vez de palavras separadas)
- Pequenas unidades de palavras facilitam o processo de estabelecimento de vínculos associativos necessários para a consolidação do vocabulário
- O nível de conhecimento da língua pode ser estimado pelo número de palavras aprendidas

T&P Books Publishing
www.tpbooks.com

ISBN: 978-1-78767-310-6

Este livro também está disponível em formato E-book.
Por favor visite www.tpbooks.com ou as principais livrarias on-line.

VOCABULÁRIO AZERBAIJANO
palavras mais úteis

Os vocabulários da T&P Books destinam-se a ajudar a aprender, a memorizar, e a rever palavras estrangeiras. O vocabulário contém mais de 7000 palavras de uso comum organizadas tematicamente.

O vocabulário contém as palavras mais comummente usadas

Recomendado como adicional para qualquer curso de línguas

Satisfaz as necessidades dos iniciados e dos alunos avançados de línguas estrangeiras

Conveniente para o uso diário, sessões de revisão e atividades de auto-teste

Permite avaliar o seu vocabulário

Características especias do vocabulário

* As palavras estão organizadas de acordo com o seu significado, e não por ordem alfabética
* As palavras são apresentadas em três colunas para facilitar os processos de revisão e auto-teste
* As palavras compostas são divididas em pequenos blocos para facilitar o processo de aprendizagem
* O vocabulário oferece uma transcrição simples e adequada de cada palavra estrangeira

O vocabulário contém 198 tópicos incluindo:

Conceitos básicos, Números, Cores, Meses, Estações do ano, Unidades de medida, Roupas & Acessórios, Alimentos & Nutrição, Restaurante, Membros da Família, Parentes, Caráter, Sentimentos, Emoções, Doenças, Cidade, Passeios, Compras, Dinheiro, Casa, Lar, Escritório, Trabalho no Escritório, Importação & Exportação, Marketing, Pesquisa de Emprego, Esportes, Educação, Computador, Internet, Ferramentas, Natureza, Países, Nacionalidades e muito mais ...

TABELA DE CONTEÚDOS

GUIA DE PRONUNCIAÇÃO

Letra	Exemplo Azerbaijano	Alfabeto fonético T&P	Exemplo Português
A a	stabil	[a]	chamar
B b	boksçu	[b]	barril
C c	Ceyran	[ʤ]	adjetivo
Ç ç	Çay	[ʧ]	Tchau!
D d	daraq	[d]	dentista
E e	fevral	[e]	metal
Ə ə	Əncir	[æ]	semana
F f	fokus	[f]	safári
G g	giriş	[g]	gosto
Ğ ğ	Çağırmaq	[ɣ]	agora
H h	həkim	[h]	[h] aspirada
X x	Xanım	[h]	[h] aspirada
I ı	Qarı	[ɪ]	sinônimo
İ i	dimdik	[i]	sinônimo
J j	Janr	[ʒ]	talvez
K k	kaktus	[k]	aquilo
Q q	Qravüra	[g]	gosto
L l	liman	[l]	libra
M m	mavi	[m]	magnólia
N n	nömrə	[n]	natureza
O o	okean	[o]	lobo
Ö ö	Göbələk	[ø]	orgulhoso
P p	parça	[p]	presente
R r	rəng	[r]	riscar
S s	sap	[s]	sanita
Ş ş	Şair	[ʃ]	mês
T t	tarix	[t]	tulipa
U u	susmaq	[u]	bonita
Ü ü	Ümid	[y]	questionar
V v	varlı	[v]	fava
Y y	Yaponiya	[j]	Vietnã
Z z	zarafat	[z]	asiático

ABREVIATURAS
usadas no vocabulário

Abreviaturas do Português

adj	-	adjetivo
adv	-	advérbio
anim.	-	animado
conj.	-	conjunção
desp.	-	esporte
etc.	-	Etcetera
ex.	-	por exemplo
f	-	nome feminino
f pl	-	feminino plural
fem.	-	feminino
inanim.	-	inanimado
m	-	nome masculino
m pl	-	masculino plural
m, f	-	masculino, feminino
masc.	-	masculino
mat.	-	matemática
mil.	-	militar
pl	-	plural
prep.	-	preposição
pron.	-	pronome
sb.	-	sobre
sing.	-	singular
v aux	-	verbo auxiliar
vi	-	verbo intransitivo
vi, vt	-	verbo intransitivo, transitivo
vr	-	verbo reflexivo
vt	-	verbo transitivo

CONCEITOS BÁSICOS

Conceitos básicos. Parte 1

1. Pronomes

eu	mən	['mæn]
você	sən	['sæn]
ele, ela	o	['o]
nós	biz	['biz]
vocês	siz	['siz]
eles, elas	onlar	[on'lar]

2. Cumprimentos. Saudações. Despedidas

Oi!	Salam!	[sa'lam]
Olá!	Salam!	[sa'lam]
Bom dia!	Sabahın xeyir!	[saba'hın χɛ'jɪr]
Boa tarde!	Günortan xeyir!	[gynor'tan χɛ'jɪr]
Boa noite!	Axşamın xeyir!	[aχʃa'mın χɛ'jɪr]
cumprimentar (vt)	salamlaşmaq	[salamlaʃ'mah]
Oi!	Salam!	[sa'lam]
saudação (f)	salam	[sa'lam]
saudar (vt)	salamlamaq	[salamla'mah]
Tudo bem?	Necəsən?	[nɛ'dʒæsæn]
E aí, novidades?	Nə yenilik var?	['næ ɛni'lik 'var]
Tchau! Até logo!	Xudahafiz!	[χudaha'fiz]
Até breve!	Tezliklə görüşənədək!	[tɛz'liklæ gøryʃæ'nædæk]
Adeus! (sing.)	Sağlıqla qal!	[sa'ɣlıgla 'gal]
Adeus! (pl)	Sağlıqla qalın!	[sa'ɣlıgla 'galın]
despedir-se (dizer adeus)	vidalaşmaq	[vidalaʃ'mah]
Até mais!	Hələlik!	[hælæ'lik]
Obrigado! -a!	Sağ ol!	['saɣ 'ol]
Muito obrigado! -a!	Çox sağ ol!	['tʃoχ 'saɣ 'ol]
De nada	Buyurun	['buyurun]
Não tem de quê	Dəyməz	[dæj'mæz]
Não foi nada!	Bir şey deyil	['bir 'ʃæj 'dɛjıl]
Desculpa!	Bağışla!	[baɣıʃ'la]
Desculpe!	Bağışlayın!	[baɣıʃ'lajın]
desculpar (vt)	Bağışlamaq	[baɣıʃla'mah]
desculpar-se (vr)	üzr istəmək	['juzr istæ'mæk]
Me desculpe	Üzrümü qəbul et	[yzry'my gæ'bul 'ɛt]

Desculpe!	Bağışlayın!	[baɣɯʃ'lajɯn]
perdoar (vt)	bağışlamaq	[baɣɯʃla'mah]
por favor	rica edirəm	[ri'dʒia ɛ'diræm]

Não se esqueça!	Unutmayın!	[u'nutmajɯn]
Com certeza!	Əlbəttə!	[æl'battæ]
Claro que não!	Əlbəttə yox!	[æl'battæ 'joχ]
Está bem! De acordo!	Razıyam!	[ra'zɯjam]
Chega!	Bəsti!	['bæsti]

3. Números cardinais. Parte 1

zero	sıfır	['sɯfɯr]
um	bir	['bir]
dois	iki	[i'ki]
três	üç	['ytʃ]
quatro	dörd	['dørd]

cinco	beş	['bɛʃ]
seis	altı	[al'tɯ]
sete	yeddi	[ɛd'di]
oito	səkkiz	[sæk'kiz]
nove	doqquz	[dok'kuz]

dez	on	['on]
onze	on bir	['on 'bir]
doze	on iki	['on i'ki]
treze	on üç	['on 'jutʃ]
catorze	on dörd	['on 'dørd]

quinze	on beş	['on 'bɛʃ]
dezesseis	on altı	['on al'tɯ]
dezessete	on yeddi	['on ɛd'di]
dezoito	on səkkiz	['on sæk'kiz]
dezenove	on doqquz	['on dok'kuz]

vinte	iyirmi	[ijɯr'mi]
vinte e um	iyirmi bir	[ijɯr'mi 'bir]
vinte e dois	iyirmi iki	[ijɯr'mi i'ki]
vinte e três	iyirmi üç	[ijɯr'mi 'jutʃ]

trinta	otuz	[o'tuz]
trinta e um	otuz bir	[o'tuz 'bir]
trinta e dois	otuz iki	[o'tuz i'ki]
trinta e três	otuz üç	[o'tuz 'jutʃ]

quarenta	qırx	['gɯrχ]
quarenta e um	qırx bir	['gɯrχ 'bir]
quarenta e dois	qırx iki	['gɯrχ i'ki]
quarenta e três	qırx üç	['gɯrχ 'jutʃ]

cinquenta	əlli	[æl'li]
cinquenta e um	əlli bir	[æl'li 'bir]
cinquenta e dois	əlli iki	[æl'li i'ki]

cinquenta e três	əlli üç	[æl'li 'juʧ]
sessenta	altmış	[alt'mıʃ]
sessenta e um	altmış bir	[alt'mıʃ 'bir]
sessenta e dois	altmış iki	[alt'mıʃ i'ki]
sessenta e três	altmış üç	[alt'mıʃ 'juʧ]

setenta	yetmiş	[ɛt'miʃ]
setenta e um	yetmiş bir	[ɛt'miʃ 'bir]
setenta e dois	yetmiş iki	[ɛt'miʃ i'ki]
setenta e três	yetmiş üç	[ɛt'miʃ 'juʧ]

oitenta	səksən	[sæk'sæn]
oitenta e um	səksən bir	[sæk'sæn 'bir]
oitenta e dois	səksən iki	[sæk'sæn i'ki]
oitenta e três	səksən üç	[sæk'sæn 'juʧ]

noventa	doxsan	[doχ'san]
noventa e um	doxsan bir	[doχ'san 'bir]
noventa e dois	doxsan iki	[doχ'san i'ki]
noventa e três	doxsan üç	[doχ'san 'juʧ]

4. Números cardinais. Parte 2

cem	yüz	['jyz]
duzentos	iki yüz	[i'ki 'juz]
trezentos	üç yüz	['juʧ 'juz]
quatrocentos	dörd yüz	['dørd 'juz]
quinhentos	beş yüz	['bɛʃ 'juz]

seiscentos	altı yüz	[al'tı 'juz]
setecentos	yeddi yüz	[ɛd'di 'juz]
oitocentos	səkkiz yüz	[sæk'kiz 'juz]
novecentos	doqquz yüz	[dok'kuz 'juz]

mil	min	['min]
dois mil	iki min	[i'ki 'min]
três mil	üç min	['juʧ 'min]
dez mil	on min	['on 'min]
cem mil	yüz min	['juz 'min]
um milhão	milyon	[mi'ljon]
um bilhão	milyard	[mi'ljard]

5. Números. Frações

fração (f)	kəsr	['kæsr]
um meio	ikidə bir	[iki'dæ 'bir]
um terço	üçdə bir	[yʧ'dæ 'bir]
um quarto	dörddə bir	[dørd'da 'bir]
um oitavo	səkkizdə bir	[sækkiz'dæ 'bir]
um décimo	onda bir	[on'da 'bir]
dois terços	üçdə iki	[yʧ'dæ i'ki]
três quartos	dörddə üç	[dørd'dæ 'juʧ]

6. Números. Operações básicas

subtração (f)	çıxma	[tʃɪχ'ma]
subtrair (vi, vt)	çıxmaq	[tʃɪχ'mah]
divisão (f)	bölmə	[bøl'mæ]
dividir (vt)	bölmək	[bøl'mæk]

adição (f)	toplama	[topla'ma]
somar (vt)	toplamaq	[topla'mah]
adicionar (vt)	artırmaq	[artır'mah]
multiplicação (f)	vurma	[vur'ma]
multiplicar (vt)	vurmaq	[vur'mah]

7. Números. Diversos

algarismo, dígito (m)	rəqəm	[ræ'gæm]
número (m)	say	['saj]
numeral (m)	say	['saj]
menos (m)	minus	['minus]
mais (m)	plyus	['plʲus]
fórmula (f)	düstur	[dys'tur]

cálculo (m)	hesab	[hɛ'sap]
contar (vt)	saymaq	[saj'mah]
calcular (vt)	hesablamaq	[hɛsabla'mah]
comparar (vt)	müqayisə etmək	[mygajɪ'sæ ɛt'mæk]

| Quanto? | Nə qədər? | ['næ gæ'dær] |
| Quantos? -as? | Neçə? | [nɛ'tʃæ] |

soma (f)	məbləğ	[mæb'læɣ]
resultado (m)	nəticə	[næti'dʒʲæ]
resto (m)	qalıq	[ga'lɪh]

alguns, algumas ...	bir neçə	[bir nɛ'tʃæ]
pouco (~ tempo)	bir az ...	['bir 'az ...]
resto (m)	qalanı	[gala'nɪ]
um e meio	bir yarım	['bir ja'rɪm]
dúzia (f)	on iki	['on i'ki]

ao meio	tən yarı	['tæn ja'rɪ]
em partes iguais	tənbərabər	[tænbæra'bær]
metade (f)	yarım	[ja'rɪm]
vez (f)	dəfə	[dæ'fæ]

8. Os verbos mais importantes. Parte 1

abrir (vt)	açmaq	[atʃ'mah]
acabar, terminar (vt)	qurtarmaq	[gurtar'mah]
aconselhar (vt)	məsləhət vermək	[mæslæ'hæt vɛr'mæk]
adivinhar (vt)	tapmaq	[tap'mah]

advertir (vt)	xəbərdarlıq etmək	[χæbærdar'lıh ɛt'mæk]
ajudar (vt)	kömək etmək	[kø'mæk ɛt'mæk]
almoçar (vi)	nahar etmək	[na'har ɛt'mæk]
alugar (~ um apartamento)	kirayə etmək	[kira'jæ ɛt'mæk]
amar (pessoa)	sevmək	[sɛv'mæk]
ameaçar (vt)	hədələmək	[hædælæ'mæk]

anotar (escrever)	yazmaq	[jaz'mah]
apressar-se (vr)	tələsmək	[tælæs'mæk]
arrepender-se (vr)	heyfsilənmək	[hɛjfsilæn'mæk]
assinar (vt)	imzalamaq	[imzala'mah]
brincar (vi)	zarafat etmək	[zara'fat ɛt'mæk]

brincar, jogar (vi, vt)	oynamaq	[ojna'mah]
buscar (vt)	axtarmaq	[aχtar'mah]
caçar (vi)	ova çıxmaq	[o'va ʧıχ'mah]
cair (vi)	yıxılmaq	[jıχıl'mah]
cavar (vt)	qazmaq	[gaz'mah]
chamar (~ por socorro)	çağırmaq	[ʧaɣır'mah]

chegar (vi)	gəlmək	[gæl'mæk]
chorar (vi)	ağlamaq	[aɣla'mah]
começar (vt)	başlamaq	[baʃla'mah]
comparar (vt)	müqayisə etmək	[mygajı'sæ ɛt'mæk]
concordar (dizer "sim")	razı olmaq	[ra'zı ol'mah]

confiar (vt)	etibar etmək	[ɛti'bar ɛt'mæk]
confundir (equivocar-se)	dolaşıq salmaq	[dola'ʃıh sal'mah]
conhecer (vt)	tanımaq	[tanı'mah]
contar (fazer contas)	saymaq	[saj'mah]
contar com ...	bel bağlamaq	['bɛl baɣla'mah]
continuar (vt)	davam etdirmək	[da'vam ɛtdir'mæk]

controlar (vt)	nəzarət etmək	[næza'ræt ɛt'mæk]
convidar (vt)	dəvət etmək	[dæ'væt ɛt'mæk]
correr (vi)	qaçmaq	[gaʧ'mah]
criar (vt)	yaratmaq	[jarat'mah]
custar (vt)	qiyməti olmaq	[gijmæ'ti ol'mah]

9. Os verbos mais importantes. Parte 2

dar (vt)	vermək	[vɛr'mæk]
dar uma dica	eyham vurmaq	[ɛj'ham vur'mah]
decorar (enfeitar)	bəzəmək	[bæzæ'mæk]
defender (vt)	müdafiyə etmək	[mydafi'jæ ɛt'mæk]
deixar cair (vt)	yerə salmaq	[ɛ'ræ sal'mah]

descer (para baixo)	aşağı düşmək	[aʃa'ɣı dyʃ'mæk]
desculpar-se (vr)	üzr istəmək	['juzr istæ'mæk]
dirigir (~ uma empresa)	idarə etmək	[ida'ræ ɛt'mæk]
discutir (notícias, etc.)	müzakirə etmək	[myzaki'ræ ɛt'mæk]

| disparar, atirar (vi) | atəş açmaq | [a'tæʃ aʧ'mah] |
| dizer (vt) | demək | [dɛ'mæk] |

duvidar (vt)	şübhələnmək	[ʃybhælæn'mæk]
encontrar (achar)	tapmaq	[tap'mah]
enganar (vt)	aldatmaq	[aldat'mah]
entender (vt)	başa düşmək	[ba'ʃa dyʃ'mæk]
entrar (na sala, etc.)	daxil olmaq	[da'χil ol'mah]
enviar (uma carta)	göndərmək	[gøndær'mæk]
errar (enganar-se)	səhv etmək	['sæhv ɛt'mæk]
escolher (vt)	seçmək	[sɛtʃ'mæk]
esconder (vt)	gizlətmək	[gizlæt'mæk]
escrever (vt)	yazmaq	[jaz'mah]
esperar (aguardar)	gözləmək	[gøzlæ'mæk]
esperar (ter esperança)	ümid etmək	[y'mid ɛt'mæk]
esquecer (vt)	unutmaq	[unut'mah]
estudar (vt)	öyrənmək	[øjræn'mæk]
exigir (vt)	tələb etmək	[tæ'læp ɛt'mæk]
existir (vi)	mövcud olmaq	[møv'dʒyd ol'mah]
explicar (vt)	izah etmək	[i'zah ɛt'mæk]
falar (vi)	danışmaq	[danıʃ'mah]
faltar (a la escuela, etc.)	buraxmaq	[buraχ'mah]
fazer (vt)	etmək	[ɛt'mæk]
ficar em silêncio	susmaq	[sus'mah]
gabar-se (vr)	lovğalanmaq	[lovɣalan'mah]
gostar (apreciar)	xoşuna gəlmək	[χoʃu'na gæl'mæk]
gritar (vi)	çığırmaq	[tʃıɣır'mah]
guardar (fotos, etc.)	saxlamaq	[saχla'mah]
informar (vt)	məlumat vermək	[mælʲu'mat vɛr'mæk]
insistir (vi)	təkid etmək	[tæ'kid ɛt'mæk]
insultar (vt)	təhkir etmək	[tæh'kir ɛt'mæk]
interessar-se (vr)	maraqlanmaq	[maraglan'mah]
ir (a pé)	getmək	[gɛt'mæk]
ir nadar	çimmək	[tʃim'mæk]
jantar (vi)	axşam yeməyi yemək	[aχ'ʃam ɛmæ'jı ɛ'mæk]

10. Os verbos mais importantes. Parte 3

ler (vt)	oxumaq	[oχu'mah]
libertar, liberar (vt)	azad etmək	[a'zad ɛt'mæk]
matar (vt)	öldürmək	[øldyr'mæk]
mencionar (vt)	adını çəkmək	[adı'nı tʃæk'mæk]
mostrar (vt)	göstərmək	[gøstær'mæk]
mudar (modificar)	dəyişmək	[dæiʃ'mæk]
nadar (vi)	üzmək	[yz'mæk]
negar-se a ... (vr)	imtina etmək	[imti'na ɛt'mæk]
objetar (vt)	etiraz etmək	[ɛti'raz ɛt'mæk]
observar (vt)	müşaidə etmək	[myʃai'dæ ɛt'mæk]
ordenar (mil.)	əmr etmək	['æmr ɛt'mæk]

ouvir (vt)	eşitmək	[ɛʃit'mæk]
pagar (vt)	pulunu ödəmək	[pulʲu'nu ødæ'mæk]
parar (vi)	dayanmaq	[dajan'mah]

parar, cessar (vt)	kəsmək	[kæs'mæk]
participar (vi)	iştirak etmək	[iʃti'rak ɛt'mæk]
pedir (comida, etc.)	sifariş etmək	[sifa'riʃ ɛt'mæk]
pedir (um favor, etc.)	xahiş etmək	[χa'hiʃ ɛt'mæk]
pegar (tomar)	almaq	[al'mah]

pegar (uma bola)	tutmaq	[tut'mah]
pensar (vi, vt)	düşünmək	[dyʃyn'mæk]
perceber (ver)	görmək	[gør'mæk]
perdoar (vt)	bağışlamaq	[bayɪʃla'mah]
perguntar (vt)	soruşmaq	[soruʃ'mah]

permitir (vt)	icazə vermək	[idʒʲa'zæ vɛr'mæk]
pertencer a ... (vi)	mənsub olmaq	[mæn'sup ol'mah]
planejar (vt)	planlaşdırmaq	[planlaʃdɪr'mah]
poder (~ fazer algo)	bacarmaq	[badʒʲar'mah]
possuir (uma casa, etc.)	sahib olmaq	[sa'hip ol'mah]

preferir (vt)	üstünlük vermək	[ystyn'lyk vɛr'mæk]
preparar (vt)	hazırlamaq	[hazɪrla'mah]
prever (vt)	qabaqcadan görmək	[ga'bagdʒʲadan gør'mæk]
prometer (vt)	vəd etmək	['væd ɛt'mæk]
pronunciar (vt)	tələffüz etmək	[tælæf'fyz ɛt'mæk]

propor (vt)	təklif etmək	[tæk'lif ɛt'mæk]
punir (castigar)	cəzalandırmaq	[dʒʲæzalandɪr'mah]
quebrar (vt)	qırmaq	[gɪr'mah]
queixar-se de ...	şikayət etmək	[ʃika'jæt ɛt'mæk]
querer (desejar)	istəmək	[istæ'mæk]

11. Os verbos mais importantes. Parte 4

ralhar, repreender (vt)	danlamaq	[danla'mah]
recomendar (vt)	məsləhət görmək	[mæslæ'hæt gør'mæk]
repetir (dizer outra vez)	təkrar etmək	[tæk'rar ɛt'mæk]
reservar (~ um quarto)	sifariş etmək	[sifa'riʃ ɛt'mæk]
responder (vt)	cavab vermək	[dʒʲa'vap vɛr'mæk]

rezar, orar (vi)	dua etmək	[du'a ɛt'mæk]
rir (vi)	gülmək	[gylʲ'mæk]
roubar (vt)	oğurlamaq	[oyurla'mah]
saber (vt)	bilmək	[bil'mæk]
sair (~ de casa)	çıxmaq	[ʧɪχ'mah]

salvar (resgatar)	xilas etmək	[χi'las ɛt'mæk]
seguir (~ alguém)	ardınca getmək	[ar'dɪndʒʲa gɛt'mæk]
sentar-se (vr)	oturmaq	[otur'mah]
ser necessário	tələb olunmaq	[tæ'læp olʲun'mah]
ser, estar	olmaq	[ol'mah]
significar (vt)	ifadə etmək	[ifa'dæ ɛt'mæk]

sorrir (vi)	gülümsəmək	[gylymsæ'mæk]
subestimar (vt)	lazımi qədər	[lazı'mi gæ'dær
	qiymətləndirməmək	gijmætlæn'dirmæmæk]
surpreender-se (vr)	təəccüblənmək	[taædʒyblæn'mæk]

tentar (~ fazer)	sınamaq	[sına'mah]
ter (vt)	malik olmaq	['malik ol'mah]
ter fome	yemək istəmək	[ɛ'mæk istɛ'mæk]

ter medo	qorxmaq	[gorx'mah]
ter sede	içmək istəmək	[itʃ'mæk istæ'mæk]
tocar (com as mãos)	əl vurmaq	['æl vur'mah]
tomar café da manhã	səhər yeməyi yemək	[sæ'hær ɛmæ'jı ɛ'mæk]
trabalhar (vi)	işləmək	[iʃlæ'mæk]
traduzir (vt)	tərcümə etmək	[tærdʒy'mæ ɛt'mæk]

unir (vt)	birləşdirmək	[birlæʃdir'mæk]
vender (vt)	satmaq	[sat'mah]
ver (vt)	görmək	[gør'mæk]
virar (~ para a direita)	döndərmək	[døndær'mæk]
voar (vi)	uçmaq	[utʃ'mah]

12. Cores

cor (f)	rəng	['rænh]
tom (m)	çalar	[tʃa'lar]
tonalidade (m)	ton	['ton]
arco-íris (m)	qövsi-quzeh	[gøvsi gy'zɛh]

branco (adj)	ağ	['aɣ]
preto (adj)	qara	[ga'ra]
cinza (adj)	boz	['boz]

verde (adj)	yaşıl	[ja'ʃıl]
amarelo (adj)	sarı	[sa'rı]
vermelho (adj)	qırmızı	[gırmı'zı]

azul (adj)	göy	['gøj]
azul claro (adj)	mavi	[ma'vi]
rosa (adj)	çəhrayı	[tʃæhra'jı]
laranja (adj)	narıncı	[narın'dʒı]
violeta (adj)	bənövşəyi	[bænøvʃæ'jı]
marrom (adj)	şabalıdı	[ʃabalı'dı]

| dourado (adj) | qızıl | [gı'zıl] |
| prateado (adj) | gümüşü | [gymy'ʃy] |

bege (adj)	bej rəngli	[bɛʒ ræng'li]
creme (adj)	krem rəngli	[krɛm ræng'li]
turquesa (adj)	firuzəyi	[firuzæ'jı]
vermelho cereja (adj)	tünd qırmızı	['tynd gırmı'zı]
lilás (adj)	açıq bənövşəyi	[a'tʃıh bænøvʃæ'jı]
carmim (adj)	moruq rəngli	[moruh ræng'li]
claro (adj)	açıq rəngli	[a'tʃıh ræng'li]

| escuro (adj) | tünd | ['tynd] |
| vivo (adj) | parlaq | [par'lah] |

de cor	rəngli	[ræng'li]
a cores	rəngli	[ræng'li]
preto e branco (adj)	ağ-qara	['aɣ ga'ra]
unicolor (de uma só cor)	birrəng	[bir'rænh]
multicolor (adj)	müxtəlif rəngli	[myχtæ'lif ræng'li]

13. Questões

Quem?	Kim?	['kim]
O que?	Nə?	['næ]
Onde?	Harada?	['harada]
Para onde?	Haraya?	['haraja]
De onde?	Haradan?	['haradan]
Quando?	Nə zaman?	['næ za'man]
Para quê?	Niyə?	[ni'jæ]
Por quê?	Nə üçün?	['næ ju'tʃun]

Para quê?	Nədən ötrü?	[næ'dæn øt'ry]
Como?	Necə?	[nɛ'dʒæ]
Qual (~ é o problema?)	Nə cür?	['næ 'dʒyr]
Qual (~ deles?)	Hansı?	[han'sı]

A quem?	Kimə?	[ki'mæ]
De quem?	Kimdən?	[kim'dæn]
Do quê?	Nədən?	[næ'dæn]
Com quem?	Kiminlə?	[ki'minlæ]

Quantos? -as?	Neçə?	[nɛ'tʃæ]
Quanto?	Nə qədər?	['næ gæ'dær]
De quem? (masc.)	Kimin?	[ki'min]

14. Palavras funcionais. Advérbios. Parte 1

Onde?	Harada?	['harada]
aqui	burada	['burada]
lá, ali	orada	['orada]

| em algum lugar | harada isə | ['harada isɛ] |
| em lugar nenhum | heç bir yerdə | ['hɛtʃ 'bir ɛr'dæ] |

| perto de ... | yanında | [janın'da] |
| perto da janela | pəncərənin yanında | [pændʒʲæræ'nin janın'da] |

Para onde?	Haraya?	['haraja]
aqui	buraya	['buraja]
para lá	oraya	['oraja]
daqui	buradan	['buradan]
de lá, dali	oradan	['oradan]
perto	yaxın	[ja'χın]

longe	uzaq	[u'zah]
perto de …	yanaşı	[jana'ʃı]
à mão, perto	yaxında	[jaχın'da]
não fica longe	yaxında	[jaχın'da]

esquerdo (adj)	sol	['sol]
à esquerda	soldan	[sol'dan]
para a esquerda	sola	[so'la]

direito (adj)	sağ	['saɣ]
à direita	sağdan	[sa'ɣdan]
para a direita	sağa	[sa'ɣa]

em frente	qabaqdan	[gabag'dan]
da frente	qabaq	[ga'bah]
adiante (para a frente)	irəli	[iræ'li]

atrás de …	arxada	[arχa'da]
de trás	arxadan	[arχa'dan]
para trás	arxaya	[arχa'ja]

meio (m), metade (f)	orta	[or'ta]
no meio	ortada	[orta'da]

do lado	qıraqdan	[gırag'dan]
em todo lugar	hər yerdə	['hær ɛr'dæ]
por todos os lados	ətrafında	[ætrafın'da]

de dentro	içəridən	[itʃæri'dæn]
para algum lugar	haraya isə	['haraja i'sæ]
diretamente	düzünə	[dyzy'næ]
de volta	geriyə	[gɛri'jæ]

de algum lugar	haradan olsa	['haradan ol'sa]
de algum lugar	haradansa	['haradansa]

em primeiro lugar	birincisi	[birindʒi'si]
em segundo lugar	ikincisi	[ikintʃi'si]
em terceiro lugar	üçüncüsü	[ytʃundʒu'sy]

de repente	qəflətən	['gæflætæn]
no início	başlanqıcda	[baʃlanɡıdʒı'da]
pela primeira vez	birinci dəfə	[birin'dʒi dæ'fæ]
muito antes de …	xeyli əvvəl	['χɛjli æv'væl]
de novo	yenidən	[ɛni'dæn]
para sempre	həmişəlik	[hæmiʃæ'lik]

nunca	heç bir zaman	['hɛtʃ 'bir za'man]
de novo	yenə	['ɛnæ]
agora	indi	[in'di]
frequentemente	tez-tez	['tɛz 'tɛz]
então	onda	[on'da]
urgentemente	təcili	[tædʒi'li]
normalmente	adətən	['adætæn]
a propósito, …	yeri gəlmişkən	[ɛ'ri gæl'miʃkæn]
é possível	ola bilsin	[o'la bil'sin]

provavelmente	ehtimal ki	[ɛhti'mal 'ki]
talvez	ola bilər	[o'la bi'lær]
além disso, ...	bundan başqa ...	[bun'dan baʃga ...]
por isso ...	buna görə	[bu'na gø'ræ]
apesar de ...	baxmayaraq ki ...	['baχmajarah ki ...]
graças a ...	sayəsində ...	[sajæsin'dæ ...]

que (pron.)	nə	['næ]
que (conj.)	ki	['ki]
algo	nə isə	['næ i'sæ]
alguma coisa	bir şey	['bir 'ʃɛj]
nada	heç bir şey	['hɛtʃ 'bir 'ʃæj]

quem	kim	['kim]
alguém (~ que ...)	kim isə	['kim i'sæ]
alguém (com ~)	birisi	[biri'si]

ninguém	heç kim	['hɛtʃ kim]
para lugar nenhum	heç bir yerə	['hɛtʃ 'bir ɛ'ræ]
de ninguém	heç kimin	['hɛtʃ ki'min]
de alguém	kiminsə	[ki'minsæ]

tão	belə	[bɛ'læ]
também (gostaria ~ de ...)	habelə	['habɛlæ]
também (~ eu)	həmçinin	['hæmtʃinin]

15. Palavras funcionais. Advérbios. Parte 2

Por quê?	Nə üçün?	['næ ju'tʃun]
por alguma razão	nədənsə	[næ'dænsæ]
porque ...	ona görə ki	[o'na gø'ræ 'ki]
por qualquer razão	nə səbəbə isə	['næ sæbæ'bæ i'sæ]

e (tu ~ eu)	və	['væ]
ou (ser ~ não ser)	yaxud	['jaχud]
mas (porém)	amma	['amma]
para (~ a minha mãe)	üçün	[y'tʃun]

muito, demais	həddindən artıq	[hæddin'dæn ar'tıh]
só, somente	yalnız	['jalnız]
exatamente	dəqiq	[dæ'gih]
cerca de (~ 10 kg)	təqribən	[tæg'ribæn]

aproximadamente	təxminən	[tæχ'minæn]
aproximado (adj)	təxmini	[tæχmi'ni]
quase	demək olar ki	[dɛ'mæk o'lar 'ki]
resto (m)	qalanı	[gala'nı]

cada (adj)	hər bir	['hær 'bir]
qualquer (adj)	hansı olursa olsun	[han'sı o'lʲursa ol'sun]
muito, muitos, muitas	çox	['tʃoχ]
muitas pessoas	çoxları	[tʃoχla'rı]
todos	hamısı	['hamısı]
em troca de ...	bunun əvəzində	[bu'nun ævæzin'dæ]

em troca	əvəzində	[ævæzin'dæ]
à mão	əl ilə	['æl i'læ]
pouco provável	çətin ola bilsin	[ʧæ'tin o'la bil'sin]

provavelmente	guman ki	[gy'man 'ki]
de propósito	bilərək	[bi'læræk]
por acidente	təsadüfən	[tæ'sadyfæn]

muito	çox	['ʧoχ]
por exemplo	məsələn	['mæsælæn]
entre	arasında	[arasın'da]
entre (no meio de)	ortasında	[ortasın'da]
tanto	bu qədər	['bu gæ'dær]
especialmente	xüsusilə	[χysu'silæ]

Conceitos básicos. Parte 2

16. Opostos

rico (adj)	varlı	[var'lı]
pobre (adj)	kasıb	[ka'sıp]
doente (adj)	xəstə	[χæs'tæ]
bem (adj)	sağlam	[sa'ɣlam]
grande (adj)	böyük	[bø'juk]
pequeno (adj)	kiçik	[ki'ʧik]
rapidamente	cəld	['dʒ'æld]
lentamente	asta-asta	[as'ta as'ta]
rápido (adj)	cəld	['dʒ'æld]
lento (adj)	asta	[as'ta]
alegre (adj)	şən	['ʃæn]
triste (adj)	qəmgin	[gæm'gin]
juntos (ir ~)	birlikdə	[birlik'dæ]
separadamente	ayrı-ayrı	[aj'rı aj'rı]
em voz alta (ler ~)	ucadan	[udʒ'a'dan]
para si (em silêncio)	ürəyində	[yræjın'dæ]
alto (adj)	hündür	[hyn'dyr]
baixo (adj)	alçaq	[al'ʧah]
profundo (adj)	dərin	[dæ'rin]
raso (adj)	dayaz	[da'jaz]
sim	bəli	['bæli]
não	xeyr	['χɛjr]
distante (adj)	uzaq	[u'zah]
próximo (adj)	yaxın	[ja'χın]
longe	uzaqda	[uzag'da]
à mão, perto	yaxında	[jaχın'da]
longo (adj)	uzun	[u'zun]
curto (adj)	qısa	[gı'sa]
bom (bondoso)	xeyirxah	[χɛjır'χah]
mal (adj)	hirsli	[hirs'li]
casado (adj)	evli	[ɛv'li]

solteiro (adj)	subay	[su'baj]
proibir (vt)	qadağan etmək	[gada'ɣan ɛt'mæk]
permitir (vt)	icazə vermək	[idʒ'a'zæ vɛr'mæk]
fim (m)	son	['son]
início (m)	başlanqıc	[baʃla'ngıdʒ']
esquerdo (adj)	sol	['sol]
direito (adj)	sağ	['saɣ]
primeiro (adj)	birinci	[birin'dʒ'i]
último (adj)	sonuncu	[sonun'dʒy]
crime (m)	cinayət	[dʒ'ina'jæt]
castigo (m)	cəza	[dʒ'æ'za]
ordenar (vt)	əmr etmək	['æmr ɛt'mæk]
obedecer (vt)	tabe olmaq	[ta'bɛ ol'mah]
reto (adj)	düz	['dyz]
curvo (adj)	əyri	[æj'ri]
paraíso (m)	cənnət	[dʒ'æn'næt]
inferno (m)	cəhənnəm	[dʒ'æhæn'næm]
nascer (vi)	anadan olmaq	[ana'dan ol'mah]
morrer (vi)	ölmək	[øl'mæk]
forte (adj)	güclü	[gydʒ''ly]
fraco, débil (adj)	zəif	[zæ'if]
velho, idoso (adj)	köhnə	[køh'næ]
jovem (adj)	cavan	[dʒ'a'van]
velho (adj)	köhnə	[køh'næ]
novo (adj)	təzə	[tæ'zæ]
duro (adj)	bərk	['bærk]
macio (adj)	yumşaq	[jum'ʃah]
quente (adj)	isti	[is'ti]
frio (adj)	soyuq	[so'juh]
gordo (adj)	yoğun	[jo'ɣun]
magro (adj)	arıq	[a'rıh]
estreito (adj)	ensiz	[ɛn'siz]
largo (adj)	enli	[ɛn'li]
bom (adj)	yaxşı	[jaχ'ʃı]
mau (adj)	pis	['pis]
valente, corajoso (adj)	cəsarətli	[dʒ'æsaræt'li]
covarde (adj)	qorxaq	[gor'χah]

17. Dias da semana

segunda-feira (f)	bazar ertəsi	[ba'zar ɛrtæ'si]
terça-feira (f)	çərşənbə axşamı	[ʧærʃæn'bæ aχʃa'mı]
quarta-feira (f)	çərşənbə	[ʧærʃæn'bæ]
quinta-feira (f)	cümə axşamı	[ʤy'mæ aχʃa'mı]
sexta-feira (f)	cümə	[ʤy'mæ]
sábado (m)	şənbə	[ʃæn'bæ]
domingo (m)	bazar	[ba'zar]
hoje	bu gün	['bu 'gyn]
amanhã	sabah	['sabah]
depois de amanhã	birigün	[bi'rigyn]
ontem	dünən	['dynæn]
anteontem	sırağa gün	[sıra'ɣa 'gyn]
dia (m)	gündüz	[gyn'dyz]
dia (m) de trabalho	iş günü	['iʃ gy'ny]
feriado (m)	bayram günü	[baj'ram gy'ny]
dia (m) de folga	istirahət günü	[istira'hæt gy'ny]
fim (m) de semana	istirahət günləri	[istira'hæt gynlɛ'ri]
o dia todo	bütün günü	[by'tyn gy'ny]
no dia seguinte	ertəsi gün	[ɛrtæ'si 'gyn]
há dois dias	iki gün qabaq	[i'ki 'gyn ga'bah]
na véspera	ərəfəsində	[æræfæsin'dæ]
diário (adj)	gündəlik	[gyndæ'lik]
todos os dias	hər gün	['hær 'gyn]
semana (f)	həftə	[hæf'tæ]
na semana passada	keçən həftə	[kɛ'ʧæn hæf'tæ]
semana que vem	gələn həftə	[gæ'læn hæf'tæ]
semanal (adj)	həftəlik	[hæftæ'lik]
toda semana	həftədə bir	[hæftæ'dæ 'bir]
duas vezes por semana	həftədə iki dəfə	[hæftæ'dæ i'ki dæ'fæ]
toda terça-feira	hər çərşənbə axşamı	['hær ʧærʃæn'bæ aχʃa'mı]

18. Horas. Dia e noite

manhã (f)	səhər	[sæ'hær]
de manhã	səhərçağı	[sæ'hær ʧa'ɣı]
meio-dia (m)	günorta	[gynor'ta]
à tarde	nahardan sonra	[nahar'dan son'ra]
tardinha (f)	axşam	[aχ'ʃam]
à tardinha	axşam	[aχ'ʃam]
noite (f)	gecə	[gɛ'ʤæ]
à noite	gecə	[gɛ'ʤæ]
meia-noite (f)	gecəyarı	[gɛʤæja'rı]
segundo (m)	saniyə	[sani'jæ]
minuto (m)	dəqiqə	[dægi'gæ]
hora (f)	saat	[sa'at]

meia hora (f)	yarım saat	[ja'rım sa'at]
quarto (m) de hora	on beş dəqiqə	['on 'bɛʃ dægi'gæ]
quinze minutos	on beş dəqiqə	['on 'bɛʃ dægi'gæ]
vinte e quatro horas	gecə-gündüz	[gɛ'dʒʲæ gyn'dyz]

nascer (m) do sol	günəşin doğması	[gynæ'ʃin doɣma'sı]
amanhecer (m)	şəfəq	[ʃæ'fæh]
madrugada (f)	səhər tezdən	[sæ'hær tɛz'dæn]
pôr-do-sol (m)	gün batan çağı	['gyn ba'tan tʃa'ɣı]

de madrugada	erkəndən	[ɛrkæn'dæn]
esta manhã	bu gün səhər	['bu 'gyn sæ'hær]
amanhã de manhã	sabah səhər	['sabah sæ'hær]

esta tarde	bu gün günorta çağı	['bu 'gyn gynor'ta tʃa'ɣı]
à tarde	nahardan sonra	[nahar'dan son'ra]
amanhã à tarde	sabah nahardan sonra	['sabah nahar'dan son'ra]

| esta noite, hoje à noite | bu gün axşam | ['bu 'gyn aχ'ʃam] |
| amanhã à noite | sabah axşam | ['sabah aχ'ʃam] |

às três horas em ponto	saat üç tamamda	[sa'at 'jutʃ tamam'da]
por volta das quatro	təxminən saat dörd radələrində	[tæχ'minæn sa'at 'dørd radælærin'dæ]
às doze	saat on iki üçün	[sa'at 'on i'ki ju'tʃun]

em vinte minutos	iyirmi dəqiqədən sonra	[ijır'mi dægigæ'dæn son'ra]
em uma hora	bir saatdan sonra	['bir saat'dan son'ra]
a tempo	vaxtında	[vaχtın'da]

... um quarto para	on beş dəqiqə qalmış	['on 'bɛʃ dægi'gæ gal'mıʃ]
dentro de uma hora	bir saat ərzində	['bir sa'at ærzin'dæ]
a cada quinze minutos	hər on beş dəqiqədən bir	['hær 'on 'bɛʃ dægigæ'dæn bir]
as vinte e quatro horas	gecə-gündüz	[gɛ'dʒʲæ gyn'dyz]

19. Meses. Estações

janeiro (m)	yanvar	[jan'var]
fevereiro (m)	fevral	[fɛv'ral]
março (m)	mart	['mart]
abril (m)	aprel	[ap'rɛl]
maio (m)	may	['maj]
junho (m)	iyun	[i'jun]

julho (m)	iyul	[i'jul]
agosto (m)	avqust	['avgust]
setembro (m)	sentyabr	[sɛn'tʲabr]
outubro (m)	oktyabr	[ok'tʲabr]
novembro (m)	noyabr	[no'jabr]
dezembro (m)	dekabr	[dɛ'kabr]

| primavera (f) | yaz | ['jaz] |
| na primavera | yazda | [jaz'da] |

primaveril (adj)	yaz	['jaz]
verão (m)	yay	['jaj]
no verão	yayda	[jaj'da]
de verão	yay	['jaj]
outono (m)	payız	[pa'jız]
no outono	payızda	[pajız'da]
outonal (adj)	payız	[pa'jız]
inverno (m)	qış	['gıʃ]
no inverno	qışda	[gıʃ'da]
de inverno	qış	['gıʃ]
mês (m)	ay	['aj]
este mês	bu ay	['bu 'aj]
mês que vem	gələn ay	[gæ'læn 'aj]
no mês passado	keçən ay	[kɛ'tʃæn 'aj]
um mês atrás	bir ay qabaq	['bir 'aj ga'bah]
em um mês	bir aydan sonra	['bir aj'dan son'ra]
em dois meses	iki aydan sonra	[i'ki aj'dan son'ra]
todo o mês	bütün ay	[by'tyn 'aj]
um mês inteiro	bütöv ay	[by'tøv 'aj]
mensal (adj)	aylıq	[aj'lıh]
mensalmente	ayda bir dəfə	[aj'da 'bir dæfæ]
todo mês	hər ay	['hær 'aj]
duas vezes por mês	ayda iki dəfə	[aj'da i'ki dæ'fæ]
ano (m)	il	['il]
este ano	bu il	['bu 'il]
ano que vem	gələn il	[gæ'læn 'il]
no ano passado	keçən il	[kɛ'tʃæn 'il]
há um ano	bir il əvvəl	['bir 'il æv'væl]
em um ano	bir ildən sonra	['bir il'dæn son'ra]
dentro de dois anos	iki ildən sonra	[i'ki il'dæn son'ra]
todo o ano	il uzunu	['il uzu'nu]
um ano inteiro	bütün il boyu	[by'tyn il bo'ju]
cada ano	hər il	['hær 'il]
anual (adj)	illik	[il'lik]
anualmente	hər ilki	['hær il'ki]
quatro vezes por ano	ildə dörd dəfə	[il'dæ 'dørd dæ'fæ]
data (~ de hoje)	gün	['gyn]
data (ex. ~ de nascimento)	tarix	[ta'riχ]
calendário (m)	təqvim	[tæg'vim]
meio ano	yarım il	[ja'rım 'il]
seis meses	yarım illik	[ja'rım il'lik]
estação (f)	mövsüm	[møv'sym]
século (m)	əsr	['æsr]

20. Tempo. Diversos

tempo (m)	zaman	[za'man]
momento (m)	qırpım	[gɪr'pɪm]
instante (m)	an	['an]
instantâneo (adj)	ani	[a'ni]
lapso (m) de tempo	müddət	[myd'dæt]
vida (f)	həyat	[hæ'jat]
eternidade (f)	əbədiyyat	[æbædi'at]
época (f)	dövr	['døvr]
era (f)	era	['ɛra]
ciclo (m)	silsilə	[silsi'læ]
período (m)	zaman	[za'man]
prazo (m)	müddət	[myd'dæt]
futuro (m)	gələcək	[gælæ'dʒʲæk]
futuro (adj)	gələcək	[gælæ'dʒʲæk]
da próxima vez	gələn dəfə	[gæ'læn dæ'fæ]
passado (m)	keçmiş	[kɛtʃ'miʃ]
passado (adj)	keçən	[kɛ'tʃæn]
na última vez	keçən dəfə	[kɛ'tʃæn dæ'fæ]
mais tarde	daha sonra	[da'ha 'sonra]
depois de ...	sonra	[son'ra]
atualmente	hal hazırda	['hal hazır'da]
agora	indi	[in'di]
imediatamente	dərhal	['dærhal]
em breve	tezliklə	[tɛz'liklæ]
de antemão	qabaqcadan	[gabagdʒʲa'dan]
há muito tempo	çoxdan	[tʃoχ'dan]
recentemente	bir az bundan əvvəl	['bir 'az bun'dan æv'væl]
destino (m)	qismət	[gis'mæt]
recordações (f pl)	xatirə	[χati'ræ]
arquivo (m)	arxiv	[ar'χiv]
durante ...	zamanı ...	[zama'nı ...]
durante muito tempo	uzun zaman	[u'zun za'man]
pouco tempo	az vaxta	[az vaχ'ta]
cedo (levantar-se ~)	erkən	[ɛrkæ'æn]
tarde (deitar-se ~)	gec	['gɛdʒʲ]
para sempre	əbədi olaraq	[æbæ'di o'larah]
começar (vt)	başlamaq	[baʃla'mah]
adiar (vt)	keçirmək	[kɛtʃir'mæk]
ao mesmo tempo	eyni zamanda	['ɛjni zaman'da]
permanentemente	həmişə	['hæmiʃæ]
constante (~ ruído, etc.)	daimi	[dai'mi]
temporário (adj)	müvəqqəti	[myvækkæ'ti]
às vezes	hərdən	[hær'dæn]
raras vezes, raramente	nadir hallarda	[na'dir hallar'da]
frequentemente	tez-tez	['tɛz 'tɛz]

21. Linhas e formas

quadrado (m)	kvadrat	[kvad'rat]
quadrado (adj)	kvadrat şəkilli	[kvad'rat ʃækil'li]
círculo (m)	dairə	[dai'ræ]
redondo (adj)	dəyirmi	[dæjır'mi]
triângulo (m)	üçbucaq	[yʧbu'ʤⁱah]
triangular (adj)	üçbucaqlı	[yʧbuʤⁱag'lı]

oval (f)	oval	[o'val]
oval (adj)	oval	[o'val]
retângulo (m)	düzbucaqlı dördbucaq	[dyzbuʤⁱag'lı dørdbu'ʤⁱah]
retangular (adj)	düzbucaqlı	[dyzbuʤⁱag'lı]

pirâmide (f)	piramida	[pira'mida]
losango (m)	romb	['romp]
trapézio (m)	trapesiya	[tra'pɛsija]
cubo (m)	kub	['kup]
prisma (m)	prizma	['prizma]

circunferência (f)	çevrə	[ʧɛv'ræ]
esfera (f)	kürə	[ky'ræ]
globo (m)	kürə	[ky'ræ]
diâmetro (m)	diametr	[di'amɛtr]
raio (m)	radius	['radius]
perímetro (m)	perimetr	[pɛ'rimɛtr]
centro (m)	mərkəz	[mær'kæz]

horizontal (adj)	üfqi	[yf'gi]
vertical (adj)	şaquli	[ʃagu'li]
paralela (f)	paralel	[para'lɛl]
paralelo (adj)	paralel	[para'lɛl]

linha (f)	xətt	['χætt]
traço (m)	xətt	['χætt]
reta (f)	düz	['dyz]
curva (f)	əyri	[æj'ri]
fino (linha ~a)	nazik	[na'zik]
contorno (m)	kontur	['kontur]

interseção (f)	kəsişmə	[kæsiʃ'mæ]
ângulo (m) reto	düz bucaq	['dyz bu'ʤⁱah]
segmento (m)	seqment	[sɛg'mɛnt]
setor (m)	bölmə	[bøl'mæ]
lado (de um triângulo, etc.)	tərəf	[tæ'ræf]
ângulo (m)	bucaq	[bu'ʤⁱah]

22. Unidades de medida

peso (m)	çəki	[ʧæ'ki]
comprimento (m)	uzunluq	[uzun'lʲuh]
largura (f)	en	['ɛn]
altura (f)	hündürlük	[hyndyr'lyk]

profundidade (f)	dərinlik	[dærin'lik]
volume (m)	həcm	['hædʒim]
área (f)	səth	['sæth]

grama (m)	qram	['gram]
miligrama (m)	milliqram	[milli'gram]
quilograma (m)	kiloqram	[kilog'ram]
tonelada (f)	ton	['ton]
libra (453,6 gramas)	girvənkə	[girvæn'kæ]
onça (f)	unsiya	['unsija]

metro (m)	metr	['mɛtr]
milímetro (m)	millimetr	[milli'mɛtr]
centímetro (m)	santimetr	[santi'mɛtr]
quilômetro (m)	kilometr	[kilo'mɛtr]
milha (f)	mil	['mil]

polegada (f)	düym	['dyjm]
pé (304,74 mm)	fut	['fut]
jarda (914,383 mm)	yard	['jard]

metro (m) quadrado	kvadrat metr	[kvad'rat 'mɛtr]
hectare (m)	hektar	[hɛk'tar]

litro (m)	litr	['litr]
grau (m)	dərəcə	[dæræ'dʒiæ]
volt (m)	volt	['volt]
ampère (m)	amper	[am'pɛr]
cavalo (m) de potência	at gücü	['at gy'dʒy]

quantidade (f)	miqdar	[mig'dar]
um pouco de …	bir az …	['bir 'az …]
metade (f)	yarım	[ja'rım]
dúzia (f)	on iki	['on i'ki]
peça (f)	əded	[æ'dæd]

tamanho (m), dimensão (f)	ölçü	[øl'tʃu]
escala (f)	miqyas	[mi'gjas]

mínimo (adj)	minimal	[mini'mal]
menor, mais pequeno	ən kiçik	['æn ki'tʃik]
médio (adj)	orta	[or'ta]
máximo (adj)	maksimal	[maksi'mal]
maior, mais grande	ən böyük	['æn bø'juk]

23. Recipientes

pote (m) de vidro	şüşə banka	[ʃy'ʃæ ban'ka]
lata (~ de cerveja)	konserv bankası	[kon'sɛrv banka'sı]
balde (m)	vedrə	[vɛd'ræ]
barril (m)	çəllək	[tʃæl'læk]

bacia (~ de plástico)	ləyən	[læ'jæn]
tanque (m)	bak	['bak]

cantil (m) de bolso	mehtərə	[mɛhtæ'ræ]
galão (m) de gasolina	kanistr	[ka'nistr]
cisterna (f)	sistern	[sis'tɛrn]

caneca (f)	parç	['partʃ]
xícara (f)	fincan	[fin'dʒⁱan]
pires (m)	nəlbəki	[nælbæ'ki]
copo (m)	stəkan	[stæ'kan]
taça (f) de vinho	qədəh	[gæ'dæh]
panela (f)	qazan	[ga'zan]

garrafa (f)	şüşə	[ʃy'ʃæ]
gargalo (m)	boğaz	[bo'gaz]

jarra (f)	qrafin	[gra'fin]
jarro (m)	səhənk	[sæ'hænk]
recipiente (m)	qab	['gap]
pote (m)	bardaq	[bar'dah]
vaso (m)	güldan	[gylⁱ'dan]

frasco (~ de perfume)	flakon	[fla'kon]
frasquinho (m)	şüşə	[ʃy'ʃæ]
tubo (m)	tübik	['tybik]

saco (ex. ~ de açúcar)	torba	[tor'ba]
sacola (~ plastica)	paket	[pa'kɛt]
maço (de cigarros, etc.)	paçka	[patʃ'ka]

caixa (~ de sapatos, etc.)	qutu	[gu'tu]
caixote (~ de madeira)	yeşik	[ɛ'ʃik]
cesto (m)	səbət	[sæ'bæt]

24. Materiais

material (m)	material	[matɛri'al]
madeira (f)	taxta	[taχ'ta]
de madeira	taxta	[taχ'ta]

vidro (m)	şüşə	[ʃy'ʃæ]
de vidro	şüşə	[ʃy'ʃæ]

pedra (f)	daş	['daʃ]
de pedra	daşdan olan	[daʃ'dan o'lan]

plástico (m)	plastik kütlə	[plas'tik kyt'læ]
plástico (adj)	plastik kütlədən qayrılmış	[plas'tik kytlæ'dæn gajrıl'mıʃ]

borracha (f)	rezin	[rɛ'zin]
de borracha	rezin	[rɛ'zin]

tecido, pano (m)	parça	[par'tʃa]
de tecido	parçadan	[partʃa'dan]
papel (m)	kağız	[ka'ɣız]

de papel	kağız	[ka'ɣız]
papelão (m)	karton	[kar'ton]
de papelão	karton	[kar'ton]

polietileno (m)	polietilen	[poliæti'lɛn]
celofane (m)	sellofan	[sɛllo'fan]
madeira (f) compensada	faner	[fa'nɛr]

porcelana (f)	çini qab	['ʧini 'gap]
de porcelana	çini	['ʧini]
argila (f), barro (m)	gil	['gil]
de barro	saxsı	[sax'sı]
cerâmica (f)	keramika	[kɛ'ramika]
de cerâmica	keramik	[kɛra'mik]

25. Metais

metal (m)	metal	[mɛ'tal]
metálico (adj)	metal	[mɛ'tal]
liga (f)	xəlite	[xæli'tæ]

ouro (m)	qızıl	[gı'zıl]
de ouro	qızıl	[gı'zıl]
prata (f)	gümüş	[gy'myʃ]
de prata	gümüş	[gy'myʃ]

ferro (m)	dəmir	[dæ'mir]
de ferro	dəmir	[dæ'mir]
aço (m)	polad	[po'lad]
de aço (adj)	polad	[po'lad]
cobre (m)	mis	['mis]
de cobre	mis	['mis]

alumínio (m)	alümin	[aly'min]
de alumínio	alümin	[aly'min]
bronze (m)	bürünc	[by'ryndʒ]
de bronze	bürünc	[by'ryndʒ]

latão (m)	latun	[la'tun]
níquel (m)	nikel	['nikɛl]
platina (f)	platin	[pla'tin]
mercúrio (m)	cive	[dʒi'væ]
estanho (m)	qalay	[ga'laj]
chumbo (m)	qurğuşun	[gurɣu'ʃun]
zinco (m)	sink	['sink]

O SER HUMANO

O ser humano. O corpo

26. Humanos. Conceitos básicos

ser (m) humano	adam	[a'dam]
homem (m)	kişi	[ki'ʃi]
mulher (f)	qadın	[ga'dın]
criança (f)	uşaq	[u'ʃah]
menina (f)	qız	['gız]
menino (m)	oğlan	[o'ɣlan]
adolescente (m)	yeniyetmə	[ɛniɛt'mæ]
velho (m)	qoca	[go'dʒ¡a]
velha (f)	qarı	[ga'rı]

27. Anatomia humana

organismo (m)	orqanizm	[orga'nizm]
coração (m)	ürək	[y'ræk]
sangue (m)	qan	['gan]
artéria (f)	arteriya	[ar'tɛrɪja]
veia (f)	vena	['vɛna]
cérebro (m)	beyin	[bɛ'jın]
nervo (m)	sinir	[si'nir]
nervos (m pl)	sinirlər	[sinir'lær]
vértebra (f)	fəqərə	[fæɡæ'ræ]
coluna (f) vertebral	onurğa sümüyü	[onur'ɣa symy'ju]
estômago (m)	mədə	[mæ'dæ]
intestinos (m pl)	bağırsaqlar	[baɣırsag'lar]
intestino (m)	bağırsaq	[baɣır'sah]
fígado (m)	qara ciyər	[ga'ra dʒi'jær]
rim (m)	böyrək	[bøj'ræk]
osso (m)	sümük	[sy'myk]
esqueleto (m)	skelet	[skɛ'lɛt]
costela (f)	qabırqa	[gabır'ga]
crânio (m)	kəllə	[kæl'læ]
músculo (m)	əzələ	[æzæ'læ]
bíceps (m)	biseps	['bisɛps]
tríceps (m)	triseps	['trisɛps]
tendão (m)	vətər	[væ'tær]
articulação (f)	oynaq	[oj'nah]

pulmões (m pl)	ağ ciyər	['aɣ dʒi'ær]
órgãos (m pl) genitais	cinsiyyət orqanları	[dʒinsi'æt 'organları]
pele (f)	dəri	[dæ'ri]

28. Cabeça

cabeça (f)	baş	['baʃ]
rosto, cara (f)	üz	['yz]
nariz (m)	burun	[bu'run]
boca (f)	ağız	[a'ɣız]

olho (m)	göz	['gøz]
olhos (m pl)	gözlər	[gøz'lær]
pupila (f)	göz bəbəyi	[gøz bæ'bæjı]
sobrancelha (f)	qaş	['gaʃ]
cílio (f)	kirpik	[kir'pik]
pálpebra (f)	göz qapağı	[gøz gapa'ɣı]

língua (f)	dil	['dil]
dente (m)	diş	['diʃ]
lábios (m pl)	dodaq	[do'dah]
maçãs (f pl) do rosto	almacıq sümüyü	[alma'dʒıh symy'ju]
gengiva (f)	diş əti	['diʃ æ'ti]
palato (m)	damağ	[da'maɣ]

narinas (f pl)	burun dəşikləri	[bu'run dɛʃiklæ'ri]
queixo (m)	çənə	[ʧæ'næ]
mandíbula (f)	çənə	[ʧæ'næ]
bochecha (f)	yanaq	[ja'nah]

testa (f)	alın	[a'lın]
têmpora (f)	gicgah	[gidʒ'gah]
orelha (f)	qulaq	[gu'lah]
costas (f pl) da cabeça	peysər	[pɛj'sær]
pescoço (m)	boyun	[bo'jun]
garganta (f)	boğaz	[bo'gaz]

cabelo (m)	saç	['saʧ]
penteado (m)	saç düzümü	['saʧ dyzy'my]
corte (m) de cabelo	saç vurdurma	['saʧ vurdur'ma]
peruca (f)	parik	[pa'rik]

bigode (m)	bığ	['bıɣ]
barba (f)	saqqal	[sak'kal]
ter (~ barba, etc.)	qoymaq	[goj'mah]
trança (f)	hörük	[hø'ryk]
suíças (f pl)	bakenbard	[bakɛn'bard]

ruivo (adj)	kürən	[ky'ræn]
grisalho (adj)	saçı ağarmış	[sa'ʧı aɣar'mıʃ]
careca (adj)	keçəl	[kɛ'ʧæl]
calva (f)	daz	['daz]
rabo-de-cavalo (m)	quyruq	[guj'ruh]
franja (f)	zülf	['zylʲf]

29. Corpo humano

mão (f)	əl	['æl]
braço (m)	qol	['gol]
dedo (m)	barmaq	[bar'mah]
polegar (m)	baş barmaq	['baʃ bar'mah]
dedo (m) mindinho	çeçələ barmaq	[ʧɛʧæ'læ bar'mah]
unha (f)	dırnaq	[dır'nah]
punho (m)	yumruq	[jum'ruh]
palma (f)	ovuc içi	[o'vudʒ i'ʧi]
pulso (m)	bilək	[bi'læk]
antebraço (m)	bazu önü	[ba'zı ø'ny]
cotovelo (m)	dirsək	[dir'sæk]
ombro (m)	çiyin	[ʧi'jın]
perna (f)	topuq	[to'puh]
pé (m)	pəncə	[pæn'dʒʲæ]
joelho (m)	diz	['diz]
panturrilha (f)	baldır	[bal'dır]
quadril (m)	omba	[om'ba]
calcanhar (m)	daban	[da'ban]
corpo (m)	bədən	[bæ'dæn]
barriga (f), ventre (m)	qarın	[ga'rın]
peito (m)	sinə	[si'næ]
seio (m)	döş	['døʃ]
lado (m)	böyür	[bø'jur]
costas (dorso)	kürək	[ky'ræk]
região (f) lombar	bel	['bɛl]
cintura (f)	bel	['bɛl]
umbigo (m)	göbək	[gø'bæk]
nádegas (f pl)	sağrı	[sa'ɣrı]
traseiro (m)	arxa	[ar'χa]
sinal (m), pinta (f)	xal	['χal]
tatuagem (f)	tatuirovka	[tatui'rovka]
cicatriz (f)	çapıq	[ʧa'pıh]

Vestuário & Acessórios

30. Roupa exterior. Casacos

roupa (f)	geyim	[gɛ'jɪm]
roupa (f) exterior	üst geyim	['just gɛ'jɪm]
roupa (f) de inverno	qış paltarı	['gɪʃ palta'rɪ]

sobretudo (m)	palto	[pal'to]
casaco (m) de pele	kürk	['kyrk]
jaqueta (f) de pele	yarımkürk	[jarɪm'kyrk]
casaco (m) acolchoado	pərğu geyim	[pær'ɣu gɛ'jɪm]

casaco (m), jaqueta (f)	gödəkcə	[gødæk'ʧæ]
impermeável (m)	plaş	['plaʃ]
a prova d'água	su buraxmayan	['su bu'raχmajan]

31. Vestuário de homem & mulher

camisa (f)	köynək	[køj'næk]
calça (f)	şalvar	[ʃal'var]
jeans (m)	cins	['ʤʲins]
paletó, terno (m)	pencək	[pɛn'ʤæk]
terno (m)	kişi üçün kostyum	[ki'ʃi ju'ʧun kos'tʲum]

vestido (ex. ~ de noiva)	don	['don]
saia (f)	yubka	[yb'ka]
blusa (f)	bluzka	[blʲuz'ka]
casaco (m) de malha	yun kofta	['jun kof'ta]
casaco, blazer (m)	jaket	[ʒa'kɛt]

camiseta (f)	futbolka	[futbol'ka]
short (m)	şort	['ʃort]
training (m)	idman paltarı	[id'man palta'rɪ]
roupão (m) de banho	hamam xələti	[ha'mam χælæ'ti]
pijama (m)	pijama	[pi'ʒama]

| suéter (m) | sviter | ['svitɛr] |
| pulôver (m) | pulover | [pulo'vɛr] |

colete (m)	jilet	[ʒi'lɛt]
fraque (m)	frak	['frak]
smoking (m)	smokinq	['smokinh]

uniforme (m)	forma	['forma]
roupa (f) de trabalho	iş paltarı	['iʃ palta'rɪ]
macacão (m)	kombinezon	[kombinɛ'zon]
jaleco (m), bata (f)	həkim xələti	[hæ'kim χælæ'ti]

32. Vestuário. Roupa interior

roupa (f) íntima	alt paltarı	['alt palta'rı]
camiseta (f)	mayka	[maj'ka]
meias (f pl)	corab	[dʒ'o'rap]

camisola (f)	gecə köynəyi	[gɛ'dʒ'æ køjnæ'jı]
sutiã (m)	büsthalter	[byst'haltɛr]
meias longas (f pl)	golf corab	['golf dʒ'o'rap]
meias-calças (f pl)	kolqotka	[kolgot'ka]
meias (~ de nylon)	uzun corab	[u'zun dʒ'o'rap]
maiô (m)	çimmə paltarı	[tʃim'mæ palta'rı]

33. Adereços de cabeça

chapéu (m), touca (f)	papaq	[pa'pah]
chapéu (m) de feltro	şlyapa	['ʃ'apa]
boné (m) de beisebol	beysbol papağı	[bɛjs'bol papa'ɣı]
boina (~ italiana)	kepka	[kɛp'ka]

boina (ex. ~ basca)	beret	[bɛ'rɛt]
capuz (m)	kapyuşon	[kapy'ʃon]
chapéu panamá (m)	panama	[pa'nama]
touca (f)	yun papaq	['jun pa'pah]

| lenço (m) | baş örtüyü | ['baʃ ørty'ju] |
| chapéu (m) feminino | kiçik şlyapa | [ki'tʃik 'ʃ'apa] |

capacete (m) de proteção	kaska	[kas'ka]
bibico (m)	pilot papağı	[pi'lot papa'ɣı]
capacete (m)	dəbilqə	[dæbil'gæ]

| chapéu-coco (m) | kotelok | [kotɛ'lok] |
| cartola (f) | silindr | [si'lindr] |

34. Calçado

calçado (m)	ayaqqabı	[ajakka'bı]
botinas (f pl), sapatos (m pl)	botinka	[botin'ka]
sapatos (de salto alto, etc.)	tufli	[tuf'li]
botas (f pl)	uzunboğaz çəkmə	[uzunbo'ɣaz tʃæk'mæ]
pantufas (f pl)	şap-şap	['ʃap 'ʃap]

tênis (~ Nike, etc.)	krossovka	[kros'sovka]
tênis (~ Converse)	ket	['kɛt]
sandálias (f pl)	səndəl	[sæn'dæl]

sapateiro (m)	çəkməçi	[tʃækmæ'tʃi]
salto (m)	daban	[da'ban]
par (m)	tay	['taj]
cadarço (m)	qaytan	[gaj'tan]

amarrar os cadarços	qaytanlamaq	[gajtanla'mah]
calçadeira (f)	dabançəkən	[dabantʃæ'kæn]
graxa (f) para calçado	ayaqqabı kremi	[ajakka'bɪ krɛ'mi]

35. Têxtil. Tecidos

algodão (m)	pambıq parça	[pam'bɪh par'tʃa]
de algodão	pambıq parçadan	[pam'bɪh partʃa'dan]
linho (m)	kətan	[kæ'tan]
de linho	kətan parçadan	[kæ'tan partʃa'dan]

seda (f)	ipək	[i'pæk]
de seda	ipək	[i'pæk]
lã (f)	yun	['jun]
de lã	yun	['jun]

veludo (m)	məxmər	[mæχ'mær]
camurça (f)	zamşa	['zamʃa]
veludo (m) cotelê	velvet	[vɛl'vɛt]

nylon (m)	neylon	[nɛj'lon]
de nylon	neylondan	[nɛjlon'dan]
poliéster (m)	poliester	[poli'æstɛr]
de poliéster	poliesterdən hazırlanan	[poli'æstɛrdæn hazɪrla'nan]

couro (m)	dəri	[dæ'ri]
de couro	dəridən	[dæri'dæn]
pele (f)	xəz	['χæz]
de pele	xəzdən tikilmiş	[χæz'dæn tikil'miʃ]

36. Acessórios pessoais

luva (f)	əlcək	[æl'dʒˈæk]
mitenes (f pl)	təkbarmaq əlcək	[tækbar'mah æl'dʒˈæk]
cachecol (m)	şərf	['ʃærf]

óculos (m pl)	eynək	[ɛj'næk]
armação (f)	çərçivə	[tʃærtʃˈi'væ]
guarda-chuva (m)	çətir	[tʃæ'tir]
bengala (f)	əl ağacı	['æl aɣa'dʒˈɪ]
escova (f) para o cabelo	şaç şotkası	['satʃ ʃotka'sɪ]
leque (m)	yelpik	[ɛl'pik]

gravata (f)	qalstuk	['galstuk]
gravata-borboleta (f)	kəpənək qalstuk	[kæpæ'næk 'galstuk]
suspensórios (m pl)	çiyinbağı	[tʃˈijɪnba'ɣɪ]
lenço (m)	cib dəsmalı	['dʒˈip dæsma'lɪ]

pente (m)	daraq	[da'rah]
fivela (f) para cabelo	baş sancağı	['baʃ sandʒˈa'ɣɪ]
grampo (m)	baş sancağı	['baʃ sandʒˈa'ɣɪ]
fivela (f)	toqqa	[tok'ka]

cinto (m)	kəmər	[kæ'mær]
alça (f) de ombro	kəmərcik	[kæmær'dʒik]

bolsa (f)	çanta	[ʧan'ta]
bolsa (feminina)	qadın cantası	[ga'dın ʧanta'sı]
mochila (f)	arxa çantası	[ar'χa ʧanta'sı]

37. Vestuário. Diversos

moda (f)	moda	['moda]
na moda (adj)	dəbdə olan	[dæb'dæ o'lan]
estilista (m)	modelçi	[modɛl'ʧi]

colarinho (m)	yaxalıq	[jaχa'lıh]
bolso (m)	cib	['dʒip]
de bolso	cib	['dʒip]
manga (f)	qol	['gol]
ganchinho (m)	ilmə asqı	[ilʲ'mæ as'gı]
bragueta (f)	miyança	[mijan'ʧa]

zíper (m)	zəncir-bənd	[zɛn'dʒir 'bænd]
colchete (m)	bənd	['bænd]
botão (m)	düymə	[dyj'mæ]
botoeira (casa de botão)	ilmə	[ilʲ'mæ]
soltar-se (vr)	qopmaq	[gop'mah]

costurar (vi)	tikmək	[tik'mæk]
bordar (vt)	naxış tikmək	[na'χıʃ tik'mæk]
bordado (m)	naxış	[na'χıʃ]
agulha (f)	iynə	[ij'næ]
fio, linha (f)	sap	['sap]
costura (f)	tikiş	[ti'kiʃ]

sujar-se (vr)	çirklənmək	[ʧirklæn'mæk]
mancha (f)	ləkə	[læ'kæ]
amarrotar-se (vr)	əzilmək	[æzil'mæk]
rasgar (vt)	cırmaq	[dʒır'mah]
traça (f)	güvə	[gy'væ]

38. Cuidados pessoais. Cosméticos

pasta (f) de dente	diş məcunu	['diʃ mædʒy'nu]
escova (f) de dente	diş fırçası	['diʃ fırʧa'sı]
escovar os dentes	dişləri fırçalamaq	[diʃlæ'ri fırʧala'mah]

gilete (f)	ülgüc	[ylʲ'gydʒi]
creme (m) de barbear	üz qırxmaq üçün krem	['juz gırχ'mah ju'ʧun 'krɛm]
barbear-se (vr)	üzünü qırxmaq	[yzy'ny gırχ'mah]

sabonete (m)	sabun	[sa'bun]
xampu (m)	şampun	[ʃam'pun]
tesoura (f)	qayçı	[gaj'ʧı]

lixa (f) de unhas	dırnaq üçün kiçik bıçqı	[dır'nah ju'tʃun ki'tʃik bıtʃ'gı]
corta-unhas (m)	dırnaq üçün kiçik kəlbətin	[dır'nah ju'tʃun ki'tʃik kælbæ'tin]
pinça (f)	maqqaş	[mak'kaʃ]
cosméticos (m pl)	kosmetika	[kos'mɛtika]
máscara (f)	maska	[mas'ka]
manicure (f)	manikür	[mani'kyr]
fazer as unhas	manikür etmək	[mani'kyr ɛt'mæk]
pedicure (f)	pedikür	[pɛdi'kyr]
bolsa (f) de maquiagem	kosmetika üçün kiçik çanta	[kos'mɛtika ju'tʃun ki'tʃik tʃan'ta]
pó (de arroz)	pudra	[pud'ra]
pó (m) compacto	pudra qabı	[pud'ra ga'bı]
blush (m)	ənlik	[æn'lik]
perfume (m)	ətir	[æ'tir]
água-de-colônia (f)	ətirli su	[ætir'li 'su]
loção (f)	losyon	[lo'sjon]
colônia (f)	odekolon	[odɛko'lon]
sombra (f) de olhos	göz ətrafına sürülən boyalar	[gøz ætrafı'na syry'læn boja'lar]
delineador (m)	göz üçün karandaş	[gøz ju'tʃun karan'daʃ]
máscara (f), rímel (m)	kirpik üçün tuş	[kir'pik ju'tʃun 'tuʃ]
batom (m)	dodaq boyası	[do'dah boja'sı]
esmalte (m)	dırnaq üçün lak	[dır'nah ju'tʃun 'lak]
laquê (m), spray fixador (m)	saç üçün lak	['satʃ ju'tʃun 'lak]
desodorante (m)	dezodorant	[dɛzodo'rant]
creme (m)	krem	['krɛm]
creme (m) de rosto	üz kremi	['juz krɛ'mi]
creme (m) de mãos	əl kremi	['æl krɛ'mi]
creme (m) antirrugas	qırışığa qarşı krem	[gırıʃı'ʝa gar'ʃı 'krɛm]
creme (m) de dia	gündüz kremi	[gyn'dyz krɛ'mi]
creme (m) de noite	gecə kremi	[gɛ'dʒʲæ krɛ'mi]
absorvente (m) interno	tampon	[tam'pon]
papel (m) higiênico	tualet kağızı	[tua'lɛt kʲaʝı'zı]
secador (m) de cabelo	fen	['fɛn]

39. Joalheria

joias (f pl)	cəvahirat	[dʒʲævahi'rat]
precioso (adj)	qiymətli	[gijmæt'li]
marca (f) de contraste	damğa	[dam'ʝa]
anel (m)	üzük	[y'zyk]
aliança (f)	nişan üzüyü	[ni'ʃan juzy'ju]
pulseira (f)	qolbağ	[gol'baʝ]
brincos (m pl)	sırğa	[sır'ʝa]
colar (m)	boyunbağı	[bojunba'ʝı]

| coroa (f) | tac | ['tadʒ] |
| colar (m) de contas | muncuq | [mun'dʒyh] |

diamante (m)	brilyant	[bri'ljant]
esmeralda (f)	zümrüd	[zym'ryd]
rubi (m)	yaqut	[ja'gut]
safira (f)	sapfir	[sap'fir]
pérola (f)	mirvari	[mirva'ri]
âmbar (m)	kəhrəba	[kæhræ'ba]

40. Relógios de pulso. Relógios

relógio (m) de pulso	qol saatı	[gol saa'tı]
mostrador (m)	siferblat	[sifɛrb'lat]
ponteiro (m)	əqrəb	[æg'ræp]
bracelete (em aço)	saat bilərziyi	[sa'at bilærzi'jı]
bracelete (em couro)	qayış	[ga'jıʃ]

pilha (f)	batareya	[bata'rɛja]
acabar (vi)	sıradan çıxmaq	[sıra'dan tʃıx'mah]
trocar a pilha	batareyanı dəyişmək	[bata'rɛjanı dæjıʃ'mæk]
estar adiantado	irəli getmək	[iræ'li gɛt'mæk]
estar atrasado	geri qalmaq	[gɛ'ri gal'mah]

relógio (m) de parede	divar saatı	[di'var saa'tı]
ampulheta (f)	qum saatı	['gum saa'tı]
relógio (m) de sol	günəş saatı	[gy'næʃ saa'tı]
despertador (m)	zəngli saat	[zæng'li sa'at]
relojoeiro (m)	saatsaz	[saa'tsaz]
reparar (vt)	təmir etmək	[tæ'mir ɛt'mæk]

Alimentação. Nutrição

41. Comida

carne (f)	et	['æt]
galinha (f)	toyuq	[to'juh]
frango (m)	cücə	[dʒy'dʒ'æ]
pato (m)	ördək	[ør'dæk]
ganso (m)	qaz	['gaz]
caça (f)	ov quşları və heyvanları	['ov guʃla'rɪ 'væ hɛjvanla'rɪ]
peru (m)	hind toyuğu	['hind toju'ɣu]

carne (f) de porco	donuz əti	[do'nuz æ'ti]
carne (f) de vitela	dana əti	[da'na æ'ti]
carne (f) de carneiro	qoyun əti	[go'jun æ'ti]
carne (f) de vaca	mal əti	['mal æ'ti]
carne (f) de coelho	ev dovşanı	['ɛv dovʃa'nɪ]

linguiça (f), salsichão (m)	kolbasa	[kolba'sa]
salsicha (f)	sosiska	[sosis'ka]
bacon (m)	bekon	['bɛkon]
presunto (m)	vetçina	[vɛtʃi'na]
pernil (m) de porco	donuz budu	[do'nuz bu'du]

patê (m)	paştet	[paʃ'tɛt]
fígado (m)	qara ciyər	[ga'ra dʒ'i'jær]
guisado (m)	qiymə	[gij'mæ]
língua (f)	dil	['dil]

ovo (m)	yumurta	[jumur'ta]
ovos (m pl)	yumurtalar	[jumurta'lar]
clara (f) de ovo	zülal	[zy'lal]
gema (f) de ovo	yumurtanın sarısı	[jumurta'nɪn sarɪ'sɪ]

peixe (m)	balıq	[ba'lɪh]
mariscos (m pl)	dəniz məhsulları	[dæ'niz mæhsulla'rɪ]
caviar (m)	kürü	[ky'ry]

caranguejo (m)	qısaquyruq	[gɪsaguj'ruh]
camarão (m)	krevet	[krɛ'vɛt]
ostra (f)	istridyə	[istri'd'æ]
lagosta (f)	lanqust	[lan'gust]
polvo (m)	səkkizayaqlı ilbiz	[sækkizajag'lɪ il'biz]
lula (f)	kalmar	[kal'mar]

esturjão (m)	nərə balığı	[næ'ræ balɪ'ɣɪ]
salmão (m)	qızılbalıq	[gɪzɪlba'lɪh]
halibute (m)	paltus	['paltus]
bacalhau (m)	treska	[trɛs'ka]
cavala, sarda (f)	skumbriya	['skumbrija]

| atum (m) | tunes | [tu'nɛs] |
| enguia (f) | angvil balığı | [ang'vil balı'ɣı] |

truta (f)	alabalıq	[alaba'lıh]
sardinha (f)	sardina	[sar'dina]
lúcio (m)	durnabalığı	[durnabalı'ɣı]
arenque (m)	siyənək	[sijæ'næk]

pão (m)	çörək	[ʧœ'ræk]
queijo (m)	pendir	[pɛn'dir]
açúcar (m)	şəkər	[ʃæ'kær]
sal (m)	duz	['duz]

arroz (m)	düyü	[dy'ju]
massas (f pl)	makaron	[maka'ron]
talharim, miojo (m)	əriştə	[æriʃ'tæ]

manteiga (f)	kərə yağı	[kæ'ræ jaɣı]
óleo (m) vegetal	bitki yağı	[bit'ki ja'ɣı]
óleo (m) de girassol	günəbaxan yağ	[gynæba'χan jaɣ]
margarina (f)	marqarin	[marga'rin]

| azeitonas (f pl) | zeytun | [zɛj'tun] |
| azeite (m) | zeytun yağı | [zɛj'tun ja'ɣı] |

leite (m)	süd	['syd]
leite (m) condensado	qatılaşdırılmış süd	[gatılaʃdırıl'mıʃ 'syd]
iogurte (m)	yoqurt	['jogurt]
creme (m) azedo	xama	[χa'ma]
creme (m) de leite	xama	[χa'ma]

| maionese (f) | mayonez | [majo'nɛz] |
| creme (m) | krem | ['krɛm] |

grãos (m pl) de cereais	yarma	[jar'ma]
farinha (f)	un	['un]
enlatados (m pl)	konserv	[kon'sɛrv]

flocos (m pl) de milho	qarğıdalı yumağı	[garɣıda'lı juma'ɣı]
mel (m)	bal	['bal]
geleia (m)	cem	['ʤⁱɛm]
chiclete (m)	saqqız	[sak'kız]

42. Bebidas

água (f)	su	['su]
água (f) potável	içməli su	[iʧmæ'li 'su]
água (f) mineral	mineral su	[minɛ'ral 'su]

sem gás (adj)	qazsız	[gaz'sız]
gaseificada (adj)	qazlı	[gaz'lı]
com gás	qazlı	[gaz'lı]
gelo (m)	buz	['buz]
com gelo	buzlu	[buz'lⁱu]

não alcoólico (adj)	spirtsiz	[spir'tsiz]
refrigerante (m)	spirtsiz içki	[spir'tsiz itʃ'ki]
refresco (m)	sərinləşdirici içki	[særinlæʃdiri'dʒi itʃ'ki]
limonada (f)	limonad	[limo'nad]

bebidas (f pl) alcoólicas	spirtli içkilər	[spirt'li itʃki'lær]
vinho (m)	çaxır	[tʃa'χır]
vinho (m) branco	ağ çaxır	['aɣ tʃa'χır]
vinho (m) tinto	qırmızı çaxır	[gırmı'zı tʃa'χır]

licor (m)	likyor	[li'kʲor]
champanhe (m)	şampan	[ʃam'pan]
vermute (m)	vermut	['vɛrmut]

uísque (m)	viski	['viski]
vodca (f)	araq	[a'rah]
gim (m)	cin	['dʒʲin]
conhaque (m)	konyak	[ko'njak]
rum (m)	rom	['rom]

café (m)	qəhvə	[gæh'væ]
café (m) preto	qara qəhvə	[ga'ra gæh'væ]
café (m) com leite	südlü qəhvə	[syd'ly gæh'væ]
cappuccino (m)	xamalı qəhvə	[χama'lı gæh'væ]
café (m) solúvel	tez həll olunan qəhvə	['tɛz 'hæll olʲu'nan gæh'væ]

leite (m)	süd	['syd]
coquetel (m)	kokteyl	[kok'tɛjl]
batida (f), milkshake (m)	südlü kokteyl	[syd'ly kok'tɛjl]

suco (m)	şirə	[ʃi'ræ]
suco (m) de tomate	tomat şirəsi	[to'mat ʃiræ'si]
suco (m) de laranja	portağal şirəsi	[porta'ɣal ʃiræ'si]
suco (m) fresco	təzə sıxılmış şirə	[tæ'zæ sıχıl'mıʃ ʃi'ræ]

cerveja (f)	pivə	[pi'væ]
cerveja (f) clara	açıq rəngli pivə	[a'tʃıh ræng'li pi'væ]
cerveja (f) preta	tünd rəngli pivə	['tynd ræng'li pi'væ]

chá (m)	çay	['tʃaj]
chá (m) preto	qara çay	[ga'ra 'tʃaj]
chá (m) verde	yaşıl çay	[ja'ʃıl 'tʃaj]

43. Vegetais

| vegetais (m pl) | tərəvəz | [tæræ'væz] |
| verdura (f) | göyərti | [gøjær'ti] |

tomate (m)	pomidor	[pomi'dor]
pepino (m)	xiyar	[χi'jar]
cenoura (f)	kök	['køk]
batata (f)	kartof	[kar'tof]
cebola (f)	soğan	[so'ɣan]
alho (m)	sarımsaq	[sarım'sah]

couve (f)	kələm	[kæ'læm]
couve-flor (f)	gül kələm	['gylᵊ kæ'læm]
couve-de-bruxelas (f)	Brüssel kələmi	['bryssɛl kælæ'mi]
brócolis (m pl)	brokkoli kələmi	['brokkoli kælæ'mi]

beterraba (f)	çuğundur	[tʃuɣun'dur]
berinjela (f)	badımcan	[badım'dʒ¦an]
abobrinha (f)	yunan qabağı	[ju'nan gaba'ɣı]
abóbora (f)	balqabaq	[balga'bah]
nabo (m)	şalğam	[ʃal'ɣam]

salsa (f)	petruşka	[pɛtruʃ'ka]
endro, aneto (m)	şüyüt	[ʃy'jut]
alface (f)	salat	[sa'lat]
aipo (m)	kərəviz	[kæræ'viz]
aspargo (m)	qulançar	[gulan'tʃar]
espinafre (m)	ispanaq	[ispa'nah]

ervilha (f)	noxud	[no'χud]
feijão (~ soja, etc.)	paxla	[paχ'la]
milho (m)	qarğıdalı	[garɣıda'lı]
feijão (m) roxo	lobya	[lo'bja]

pimentão (m)	biber	[bi'bær]
rabanete (m)	turp	['turp]
alcachofra (f)	enginar	[æŋgi'nar]

44. Frutos. Nozes

fruta (f)	meyvə	[mɛj'væ]
maçã (f)	alma	[al'ma]
pera (f)	armud	[ar'mʊd]
limão (m)	limon	[li'mon]
laranja (f)	portağal	[porta'ɣal]
morango (m)	bağ çiyələyi	['baɣ tʃijælæ'jı]

tangerina (f)	mandarin	[manda'rin]
ameixa (f)	gavalı	[gava'lı]
pêssego (m)	şaftalı	[ʃafta'lı]
damasco (m)	ərik	[æ'rik]
framboesa (f)	moruq	[mo'ruh]
abacaxi (m)	ananas	[ana'nas]

banana (f)	banan	[ba'nan]
melancia (f)	qarpız	[gar'pız]
uva (f)	üzüm	[y'zym]
ginja (f)	albalı	[alba'lı]
cereja (f)	gilas	[gi'las]
melão (m)	yemiş	[ɛ'miʃ]

toranja (f)	qreypfrut	['grɛjpfrut]
abacate (m)	avokado	[avo'kado]
mamão (m)	papaya	[pa'paja]
manga (f)	manqo	['mango]

romã (f)	nar	['nar]
groselha (f) vermelha	qırmızı qarağat	[gɪrmɪ'zɪ gara'ɣat]
groselha (f) negra	qara qarağat	[ga'ra gara'ɣat]
groselha (f) espinhosa	krıjovnik	[krɪ'ʒovnik]
mirtilo (m)	qaragilə	[garagi'læ]
amora (f) silvestre	böyürtkən	[bøyrt'kæn]

passa (f)	kişmiş	[kiʃ'miʃ]
figo (m)	əncir	[æn'dʒir]
tâmara (f)	xurma	[�χur'ma]

amendoim (m)	araxis	[a'raχis]
amêndoa (f)	badam	[ba'dam]
noz (f)	qoz	['goz]
avelã (f)	fındıq	[fɪn'dɪh]
coco (m)	kokos	[ko'kos]
pistaches (m pl)	püstə	[pys'tæ]

45. Pão. Bolaria

pastelaria (f)	qənnadı məmulatı	[gænna'dɪ mæmula'tɪ]
pão (m)	çörək	[tʃœ'ræk]
biscoito (m), bolacha (f)	peçenye	[pɛ'tʃɛnjɛ]

chocolate (m)	şokolad	[ʃoko'lad]
de chocolate	şokolad	[ʃoko'lad]
bala (f)	konfet	[kon'fɛt]
doce (bolo pequeno)	pirojna	[piroʒ'na]
bolo (m) de aniversário	tort	['tort]

| torta (f) | piroq | [pi'roh] |
| recheio (m) | iç | ['itʃ] |

geleia (m)	mürəbbə	[myræb'bæ]
marmelada (f)	marmelad	[marmɛ'lad]
wafers (m pl)	vafli	[vaf'li]
sorvete (m)	dondurma	[dondur'ma]

46. Pratos cozinhados

prato (m)	yemək	[ɛ'mæk]
cozinha (~ portuguesa)	mətbəx	[mæt'bæχ]
receita (f)	resept	[rɛ'sɛpt]
porção (f)	porsiya	['porsija]

| salada (f) | salat | [sa'lat] |
| sopa (f) | şorba | [ʃor'ba] |

caldo (m)	ətin suyu	[æ'tin su'ju]
sanduíche (m)	buterbrod	[butɛr'brod]
ovos (m pl) fritos	qayqanaq	[gajga'nah]
hambúrguer (m)	hamburqer	['hamburgɛr]

bife (m)	bifşteks	[biff'tɛks]
acompanhamento (m)	qarnir	[gar'nir]
espaguete (m)	spaqetti	[spa'gɛtti]
purê (m) de batata	kartof püresi	[kar'tof pyrɛ'si]
pizza (f)	pitsa	['pitsa]
mingau (m)	sıyıq	[sɪ'jıh]
omelete (f)	omlet	[om'lɛt]

fervido (adj)	bişmiş	[biʃ'miʃ]
defumado (adj)	hisə verilmiş	[hi'sæ vɛril'miʃ]
frito (adj)	qızardılmış	[gızardıl'mıʃ]
seco (adj)	quru	[gu'ru]
congelado (adj)	dondurulmuş	[dondurul'muʃ]
em conserva (adj)	duza qoyulmuş	[du'za gojul'muʃ]

doce (adj)	şirin	[ʃi'rin]
salgado (adj)	duzlu	[duz'lʲu]
frio (adj)	soyuq	[so'juh]
quente (adj)	isti	[is'ti]
amargo (adj)	acı	[a'dʒʲı]
gostoso (adj)	dadlı	[dad'lı]

cozinhar em água fervente	bişirmək	[biʃir'mæk]
preparar (vt)	hazırlamaq	[hazırla'mah]
fritar (vt)	qızartmaq	[gızart'mah]
aquecer (vt)	qızdırmaq	[gızdır'mah]

salgar (vt)	duz vurmaq	['duz vur'mah]
apimentar (vt)	istiot vurmaq	[isti'ot vur'mah]
ralar (vt)	sürtkəcdə xırdalamaq	[syrtkædʒʲ'dæ xırdala'mah]
casca (f)	qabıq	[ga'bıh]
descascar (vt)	qabığını soymaq	[gabıɣı'nı soj'mah]

47. Especiarias

sal (m)	duz	['duz]
salgado (adj)	duzlu	[duz'lʲu]
salgar (vt)	duz vurmaq	['duz vur'mah]

pimenta-do-reino (f)	qara istiot	[ga'ra isti'ot]
pimenta (f) vermelha	qırmızı istiot	[gırmı'zı isti'ot]
mostarda (f)	xardal	[xar'dal]
raiz-forte (f)	qıtığotu	[gıtıɣo'tu]

condimento (m)	yeməyə dad verən əlavə	[ɛmæ'jæ 'dad vɛ'ræn æla'væ]
especiaria (f)	ədviyyat	[ædvi'at]
molho (~ inglês)	sous	['sous]
vinagre (m)	sirkə	[sir'kæ]

anis estrelado (m)	cirə	[dʒʲi'ræ]
manjericão (m)	reyhan	[rɛj'han]
cravo (m)	mixək	[mi'xæk]
gengibre (m)	zəncəfil	[zændʒʲæ'fil]
coentro (m)	keşniş	[kɛʃ'niʃ]

canela (f)	darçın	[dar'tʃɪn]
gergelim (m)	küncüt	[kyn'dʒyt]
folha (f) de louro	dəfnə yarpağı	[dæf'næ jarpa'ɣɪ]
páprica (f)	paprika	['paprika]
cominho (m)	zirə	[zi'ræ]
açafrão (m)	zəfəran	[zæfæ'ran]

48. Refeições

| comida (f) | yemək | [ɛ'mæk] |
| comer (vt) | yemək | [ɛ'mæk] |

café (m) da manhã	səhər yeməyi	[sæ'hær ɛmɛ'jɪ]
tomar café da manhã	səhər yeməyi yemək	[sæ'hær ɛmæ'jɪ ɛ'mæk]
almoço (m)	nahar	[na'har]
almoçar (vi)	nahar etmək	[na'har ɛt'mæk]
jantar (m)	axşam yeməyi	[aχ'ʃam ɛmɛ'jɪ]
jantar (vi)	axşam yeməyi yemək	[aχ'ʃam ɛmæ'jɪ ɛ'mæk]

| apetite (m) | iştaha | [iʃta'ha] |
| Bom apetite! | Nuş olsun! | ['nuʃ ol'sun] |

abrir (~ uma lata, etc.)	açmaq	[atʃ'mah]
derramar (~ líquido)	tökmək	[tøk'mæk]
derramar-se (vr)	tökülmək	[tøkyl'mæk]
ferver (vi)	qaynamaq	[gajna'mah]
ferver (vt)	qaynatmaq	[gajnat'mah]
fervido (adj)	qatnamış	[gajna'mɪʃ]
esfriar (vt)	soyutmaq	[sojut'mah]
esfriar-se (vr)	soyumaq	[soju'mah]

| sabor, gosto (m) | dad | ['dad] |
| fim (m) de boca | dad | ['dad] |

emagrecer (vi)	pəhriz saxlamaq	[pæh'riz saχla'mah]
dieta (f)	pəhriz	[pæh'riz]
vitamina (f)	vitamin	[vita'min]
caloria (f)	kaloriya	[ka'lorija]
vegetariano (m)	ət yeməyən adam	['æt 'ɛmæjæn a'dam]
vegetariano (adj)	ətsiz xörək	[æ'tsiz χø'ræk]

gorduras (f pl)	yağlar	[ja'ɣlar]
proteínas (f pl)	zülallar	[zylal'lar]
carboidratos (m pl)	karbohidratlar	[karbohidrat'lar]
fatia (~ de limão, etc.)	dilim	[di'lim]
pedaço (~ de bolo)	tikə	[ti'kæ]
migalha (f), farelo (m)	qırıntı	[gɪrɪn'tɪ]

49. Por a mesa

| colher (f) | qaşıq | [ga'ʃıh] |
| faca (f) | bıçaq | [bɪ'tʃah] |

garfo (m)	çəngəl	[ʧæ'ngæl]
xícara (f)	fincan	[fin'ʤan]
prato (m)	boşqab	[boʃ'gap]
pires (m)	nəlbəki	[nælbæ'ki]
guardanapo (m)	salfetka	[salfɛt'ka]
palito (m)	dişqurdalayan	[diʃgurdala'jan]

50. Restaurante

restaurante (m)	restoran	[rɛsto'ran]
cafeteria (f)	qəhvexana	[gæhvæχa'na]
bar (m), cervejaria (f)	bar	['bar]
salão (m) de chá	çay salonu	['ʧaj salo'nu]

garçom (m)	ofisiant	[ofisi'ant]
garçonete (f)	ofisiant qız	[ofisi'ant 'gız]
barman (m)	barmen	['barmɛn]

cardápio (m)	menyu	[mɛ'nju]
lista (f) de vinhos	çaxırlar kartı	[ʧaχır'lar kar'tı]
reservar uma mesa	masa sifarişi etmək	[ma'sa sifa'riʃ ɛt'mæk]

prato (m)	yemək	[ɛ'mæk]
pedir (vt)	yemək sifarişi etmək	[ɛ'mæk sifa'riʃ æt'mæk]
fazer o pedido	sifariş etmək	[sifa'riʃ ɛt'mæk]

aperitivo (m)	aperitiv	[apɛri'tiv]
entrada (f)	qəlyanaltı	[gæ'ljanaltı]
sobremesa (f)	desert	[dɛ'sɛrt]

conta (f)	hesab	[hɛ'sap]
pagar a conta	hesabı ödəmək	[hɛsa'bı ødæ'mæk]
dar o troco	pulun artığını qaytarmaq	[pu'lʲun artıyı'nı gajtar'mah]
gorjeta (f)	çaypulu	[ʧajpu'lʲu]

Família, parentes e amigos

51. Informação pessoal. Formulários

nome (m)	ad	['ad]
sobrenome (m)	soyadı	['sojadı]
data (f) de nascimento	anadan olduğu tarix	[ana'dan oldu'ɣu ta'riχ]
local (m) de nascimento	anadan olduğu yer	[ana'dan oldu'ɣu 'ɛr]
nacionalidade (f)	milliyəti	[millijæ'ti]
lugar (m) de residência	yaşayış yeri	[jaʃa'jıʃ jɛ'ri]
país (m)	ölkə	[øl'kæ]
profissão (f)	peşəsi	[pɛʃæ'si]
sexo (m)	cinsi	[dʒⁱin'si]
estatura (f)	boyu	[bo'ju]
peso (m)	çəki	[ʧæ'ki]

52. Membros da família. Parentes

mãe (f)	ana	[a'na]
pai (m)	ata	[a'ta]
filho (m)	oğul	[o'ɣul]
filha (f)	qız	['gız]
caçula (f)	kiçik qız	[ki'ʧik 'gız]
caçula (m)	kiçik oğul	[kiʧik o'ɣul]
filha (f) mais velha	böyük qız	[bø'juk 'gız]
filho (m) mais velho	böyük oğul	[bøyk o'ɣul]
irmão (m)	qardaş	[gar'daʃ]
irmã (f)	bacı	[ba'dʒⁱı]
primo (m)	xalaoğlu	[χalao'ɣlⁱu]
prima (f)	xalaqızı	[χalagı'zı]
mamãe (f)	ana	[a'na]
papai (m)	ata	[a'ta]
pais (pl)	valideynlər	[validɛjn'lær]
criança (f)	uşaq	[u'ʃah]
crianças (f pl)	uşaqlar	[uʃag'lar]
avó (f)	nənə	[næ'næ]
avô (m)	baba	[ba'ba]
neto (m)	nəvə	[næ'væ]
neta (f)	nəvə	[næ'væ]
netos (pl)	nəvələr	[nævæ'lær]
tio (m)	dayı	[da'jı]
tia (f)	xala	[χa'la]

sobrinho (m)	bacıoğlu	[badʒʲɪoˈɣʲu]
sobrinha (f)	bacıqızı	[badʒʲɪgɪˈzɪ]

sogra (f)	qayınana	[gajɪnaˈna]
sogro (m)	qayınata	[gajnaˈta]
genro (m)	yeznə	[ɛzˈnæ]
madrasta (f)	analıq	[anaˈlɪh]
padrasto (m)	atalıq	[ataˈlɪh]

criança (f) de colo	südəmər uşaq	[sydæˈmær uˈʃah]
bebê (m)	çağa	[ʧaˈɣa]
menino (m)	körpə	[kørˈpæ]

mulher (f)	arvad	[arˈvad]
marido (m)	ər	[ˈær]
esposo (m)	həyat yoldaşı	[hæˈjat joldaˈʃi]
esposa (f)	həyat yoldaşı	[hæˈjat joldaˈʃi]

casado (adj)	evli	[ɛvˈli]
casada (adj)	ərli qadın	[ærˈli gaˈdɪn]
solteiro (adj)	subay	[suˈbaj]
solteirão (m)	subay	[suˈbaj]
divorciado (adj)	boşanmış	[boʃanˈmɪʃ]
viúva (f)	dul qadın	[ˈdul gaˈdɪn]
viúvo (m)	dul kişi	[ˈdul kiˈʃi]

parente (m)	qohum	[goˈhum]
parente (m) próximo	yaxın qohum	[jaˈχɪn goˈhum]
parente (m) distante	uzaq qohum	[uˈzah goˈhum]
parentes (m pl)	qohumlar	[gohumˈlar]

órfão (m), órfã (f)	yetim	[ɛˈtim]
tutor (m)	himayəçi	[himajæˈʧi]
adotar (um filho)	oğulluğa götürmək	[oɣulʲuˈɣa gøtyrˈmæk]
adotar (uma filha)	qızlığa götürmək	[gɪzlʲˈɣa gøtyrˈmæk]

53. Amigos. Colegas de trabalho

amigo (m)	dost	[ˈdost]
amiga (f)	rəfiqə	[ræfiˈgæ]
amizade (f)	dostluq	[dostˈlʲuh]
ser amigos	dostluq etmək	[dostˈlʲuh ɛtˈmæk]

amigo (m)	dost	[ˈdost]
amiga (f)	rəfiqə	[ræfiˈgæ]
parceiro (m)	partnyor	[partˈnʲor]

chefe (m)	rəis	[ræˈis]
superior (m)	müdir	[myˈdir]
subordinado (m)	tabelikdə olan	[tabɛlikˈdæ oˈlan]
colega (m, f)	peşə yoldaşı	[pɛˈʃæ joldaˈʃi]

conhecido (m)	tanış	[taˈnɪʃ]
companheiro (m) de viagem	yol yoldaşı	[ˈjol joldaˈʃi]

colega (m) de classe	sinif yoldaşı	[si'nif jolda'ʃɪ]
vizinho (m)	qonşu	[gon'ʃu]
vizinha (f)	qonşu	[gon'ʃu]
vizinhos (pl)	qonşular	[gonʃu'lar]

54. Homem. Mulher

mulher (f)	qadın	[ga'dɪn]
menina (f)	qız	['gɪz]
noiva (f)	nişanlı	[niʃan'lɪ]

bonita, bela (adj)	gözəl	[gø'zæl]
alta (adj)	ucaboylu	[udʒˈaboj'lʲu]
esbelta (adj)	boylu-buxunlu	[boj'lʲu buχun'lʲu]
baixa (adj)	bəstəboylu	[bæstæboj'lʲu]

| loira (f) | sarıyağız | [sarɪja'ɣɪz] |
| morena (f) | qarayağız | [garaja'ɣɪz] |

de senhora	qadın	[ga'dɪn]
virgem (f)	bakirə qız	[baki'ræ 'gɪz]
grávida (adj)	hamilə	[hami'læ]

homem (m)	kişi	[ki'ʃi]
loiro (m)	sarıyağız	[sarɪja'ɣɪz]
moreno (m)	qarayağız	[garaja'ɣɪz]
alto (adj)	hündür	[hyn'dyr]
baixo (adj)	bəstəboylu	[bæstæboj'lʲu]

rude (adj)	kobud	[ko'bud]
atarracado (adj)	enlikürək	[ɛnliky'ræk]
robusto (adj)	canıbərk	[dʒˈa'nɪ 'bærk]
forte (adj)	güclü	[gydʒˈ'ly]
força (f)	güc	['gydʒˈ]

gordo (adj)	yoğun	[jo'ɣun]
moreno (adj)	qarabuğdayı	[garabuɣda'jɪ]
esbelto (adj)	boylu-buxunlu	[boj'lʲu buχun'lʲu]
elegante (adj)	zövqlü	[zøvg'ly]

55. Idade

idade (f)	yaş	['jaʃ]
juventude (f)	gənclik	[gændʒˈ'lik]
jovem (adj)	cavan	[dʒˈa'van]

| mais novo (adj) | kiçik | [ki'tʃik] |
| mais velho (adj) | böyük | [bø'juk] |

jovem (m)	gənc oğlan	['gændʒˈ o'ɣlan]
adolescente (m)	yeniyetmə	[ɛniɛt'mæ]
rapaz (m)	oğlan	[o'ɣlan]

| velho (m) | qoca | [go'dʒⁱa] |
| velha (f) | qarı | [ga'rɪ] |

adulto	yetişkin	[ɛtiʃkin]
de meia-idade	orta yaşlı	[or'ta jaʃ'lɪ]
idoso, de idade (adj)	yaşa dolmuş	[ja'ʃa dol'muʃ]
velho (adj)	qoca	[go'dʒⁱa]

aposentadoria (f)	təqaüd	[tæga'jud]
aposentar-se (vr)	təqaüdə çıxmaq	[tægay'dæ tʃɪχ'mah]
aposentado (m)	təqaüdçü	[tægayd'tʃu]

56. Crianças

criança (f)	uşaq	[u'ʃah]
crianças (f pl)	uşaqlar	[uʃag'lar]
gêmeos (m pl), gêmeas (f pl)	əkizlər	[ækiz'lær]

berço (m)	beşik	[bɛ'ʃik]
chocalho (m)	şax-şax	['ʃaχ 'ʃaχ]
fralda (f)	uşaq əskisi	[u'ʃah æski'si]

chupeta (f), bico (m)	əmzik	[æm'zik]
carrinho (m) de bebê	uşaq arabası	[u'ʃah araba'sɪ]
jardim (m) de infância	uşaq baxçası	[u'ʃah baχtʃa'sɪ]
babysitter, babá (f)	dayə	[da'jæ]

infância (f)	uşaqlıq	[uʃag'lɪh]
boneca (f)	gəlincik	[gɛlin'dʒⁱik]
brinquedo (m)	oyuncaq	[ojun'dʒⁱah]
jogo (m) de montar	konstruktor	[konst'ruktor]

bem-educado (adj)	tərbiyəli	[tærbijæ'li]
malcriado (adj)	tərbiyəsiz	[tærbijæ'siz]
mimado (adj)	ərköyün	[ærkø'jun]

ser travesso	dəcəllik etmək	[dædʒⁱæl'lik ɛt'mæk]
travesso, traquinas (adj)	dəcəl	[dæ'dʒⁱæl]
travessura (f)	dəcəllik	[dædʒⁱæl'lik]
criança (f) travessa	dəcəl uşaq	[dæ'dʒⁱæl u'ʃah]

| obediente (adj) | sözə baxan | [sø'zæ ba'χan] |
| desobediente (adj) | sözə baxmayan | [sø'zæ 'baχmajan] |

dócil (adj)	düşüncəli	[dyʃyndʒⁱæ'li]
inteligente (adj)	ağıllı	[aɣɪl'lɪ]
prodígio (m)	vunderkind	[vundɛr'kind]

57. Casais. Vida de família

| beijar (vt) | öpmək | [øp'mæk] |
| beijar-se (vr) | öpüşmək | [øpyʃ'mæk] |

família (f)	ailə	[ai'læ]
familiar (vida ~)	ailəli	[ailæ'li]
casal (m)	ər-arvad	['ær ar'vad]
matrimônio (m)	ailə həyatı	[ai'læ hæja'tı]
lar (m)	ailə ocağı	[ai'læ odʒ'a'ɣı]
dinastia (f)	sülalə	[syla'læ]

| encontro (m) | görüş | [gø'ryʃ] |
| beijo (m) | öpüş | [ø'pyʃ] |

amor (m)	sevqi	[sɛv'gi]
amar (pessoa)	sevmək	[sɛv'mæk]
amado, querido (adj)	sevqili	[sɛvgi'li]

ternura (f)	zəriflik	[zærif'lik]
afetuoso (adj)	zərif	[zæ'rif]
fidelidade (f)	sədaqət	[sæda'gæt]
fiel (adj)	sadiq	[sa'dih]
cuidado (m)	qayğı	[gaj'ɣı]
carinhoso (adj)	qayğıkeş	[gajɣı'kɛʃ]

recém-casados (pl)	yeni evlənənlər	[ɛ'ni ævlænæn'lær]
lua (f) de mel	bal ayı	['bal a'jı]
casar-se (com um homem)	ərə getmək	[æ'ræ gɛt'mæk]
casar-se (com uma mulher)	evlənmək	[ɛvlæn'mæk]

casamento (m)	toy	['toj]
bodas (f pl) de ouro	qızıl toy	[gı'zıl 'toj]
aniversário (m)	ildönümü	[ildøny'my]

| amante (m) | məşuq | [mæ'ʃuh] |
| amante (f) | məşuqə | [mæʃu'gæ] |

adultério (m), traição (f)	xəyanət	[xæja'næt]
cometer adultério	xəyanət etmək	[xæja'næt ɛt'mæk]
ciumento (adj)	qısqanc	[gıs'gandʒ]
ser ciumento, -a	qısqanmaq	[gısgan'mah]
divórcio (m)	boşanma	[boʃan'ma]
divorciar-se (vr)	boşanmaq	[boʃan'mah]

brigar (discutir)	dalaşmaq	[dalaʃ'mah]
fazer as pazes	barışmaq	[barıʃ'mah]
juntos (ir ~)	birlikdə	[birlik'dæ]
sexo (m)	seks	['sɛks]

felicidade (f)	xoşbəxtlik	[xoʃbæxt'lik]
feliz (adj)	xoşbəxt	[xoʃ'bæxt]
infelicidade (f)	bədbəxtlik	[bædbæxt'lik]
infeliz (adj)	bədbəxt	[bæd'bæxt]

Caráter. Sentimentos. Emoções

58. Sentimentos. Emoções

sentimento (m)	hiss	['his]
sentimentos (m pl)	hisslər	[hiss'lær]
fome (f)	aclıq	[adʒi'lıh]
ter fome	yemək istəmək	[ɛ'mæk istɛ'mæk]
sede (f)	susuzluq	[susuz'lʲuh]
ter sede	içmək istəmək	[itʃ'mæk istæ'mæk]
sonolência (f)	yuxululuq	[juχulʲu'lʲuh]
estar sonolento	yatmaq istəmək	[jat'mah istæ'mæk]
cansaço (m)	yorğunluq	[jorχun'lʲuh]
cansado (adj)	yorğun	[jor'χun]
ficar cansado	yorulmaq	[jorul'mah]
humor (m)	əhval-ruhiyyə	[æh'val ruhi'æ]
tédio (m)	darıxma	[darıχ'ma]
entediar-se (vr)	darıxmaq	[darıχ'mah]
reclusão (isolamento)	tənhalıq	[tænha'lıh]
isolar-se (vr)	tənha bir yerə çəkilmək	[tæn'ha 'bir ɛ'ræ tʃækil'mæk]
preocupar (vt)	narahat etmək	[nara'hat ɛt'mæk]
estar preocupado	narahat olmaq	[nara'hat ol'mah]
preocupação (f)	narahatçılıq	[narahatʃı'lıh]
ansiedade (f)	həyacan	[hæja'dʒian]
preocupado (adj)	qayğılı	[gajχı'lı]
estar nervoso	əsəbiləşmək	[æsæbilæʃ'mæk]
entrar em pânico	vahiməyə düşmək	[vahimæ'jæ dyʃ'mæk]
esperança (f)	ümid	[y'mid]
esperar (vt)	ümid etmək	[y'mid ɛt'mæk]
certeza (f)	əminlik	[æmin'lik]
certo, seguro de ...	əmin	[æ'min]
indecisão (f)	əmin olmama	[æ'min 'olmama]
indeciso (adj)	əmin olmayan	[æ'min 'olmajan]
bêbado (adj)	sərxoş	[sær'χoʃ]
sóbrio (adj)	içki içməyən	[itʃ'ki 'itʃmæjæn]
fraco (adj)	zəif	[zæ'if]
feliz (adj)	bəxti üzdə olan	[bæχ'ti juz'dæ o'lan]
assustar (vt)	qorxutmaq	[gorχut'mah]
fúria (f)	quduzluq	[guduz'lʲuh]
ira, raiva (f)	qəzəb	[gæ'zæp]
depressão (f)	ruh düşkünlüyü	['ruh dyʃkynly'ju]
desconforto (m)	narahatlıq	[narahat'lıh]

conforto (m)	rahatlıq	[rahat'lıh]
arrepender-se (vr)	heyfsilənmək	[hɛjfsilæn'mæk]
arrependimento (m)	heyfsilənmə	[hɛjfsilæn'mæ]
azar (m), má sorte (f)	uğursuzluq	[uɣursuz'lʲuh]
tristeza (f)	dilxorluq	[dilχor'lʲuh]

vergonha (f)	xəcalət	[χædʒʲa'læt]
alegria (f)	şənlik	[ʃæn'lik]
entusiasmo (m)	ruh yüksəkliyi	['ruh juksɛkli'jı]
entusiasta (m)	entuziast	[ɛntuzi'ast]
mostrar entusiasmo	ruh yüksəkliyi göstərmək	['ruh juksɛkli'jı gøstær'mæk]

59. Caráter. Personalidade

caráter (m)	xasiyyət	[χasi'æt]
falha (f) de caráter	nöqsan	[nøg'san]
mente (f)	ağıl	[a'ɣıl]
razão (f)	dərrakə	[dærra'kæ]

consciência (f)	vicdan	[vidʒʲ'dan]
hábito, costume (m)	vərdiş	[vær'diʃ]
habilidade (f)	qabiliyyət	[gabili'æt]
saber (~ nadar, etc.)	bacarmaq	[badʒʲar'mah]

paciente (adj)	səbir	[sæ'bir]
impaciente (adj)	səbirli	[sæbir'li]
curioso (adj)	hər şeyi bilməyə çalışan	['hær ʃɛ'jı bilmæ'jæ tʃalı'ʃan]
curiosidade (f)	hər şeyi bilmək istəyi	['hær ʃɛ'jı bil'mæk istæ'jı]

modéstia (f)	təvazökarlıq	[tævazøkar'lıh]
modesto (adj)	təvazökar	[tævazø'kar]
imodesto (adj)	təvazökar olmayan	[tævazø'kar 'olmajan]

preguiça (f)	tənbəllik	['tæn'bællik]
preguiçoso (adj)	tənbəl	[tæn'bæl]
preguiçoso (m)	tənbəl	[tæn'bæl]

astúcia (f)	hiyləgərlik	[hijlægær'lik]
astuto (adj)	hiyləgər	[hijlæ'gær]
desconfiança (f)	inamsızlıq	[inamsız'lıh]
desconfiado (adj)	heç kəsə inanmayan	['hɛtʃ kæ'sæ i'nanmajan]

generosidade (f)	səxavət	[sæχa'væt]
generoso (adj)	səxavətli	[sæχavæt'li]
talentoso (adj)	istedadlı	[istɛdad'lı]
talento (m)	istedad	[istɛ'dad]

corajoso (adj)	cəsarətli	[dʒʲæsaræt'li]
coragem (f)	cəsarət	[dʒʲæsa'ræt]
honesto (adj)	namus	[na'mus]
honestidade (f)	namuslu	[namus'lʲu]

| prudente, cuidadoso (adj) | ehtiyatlı | [ɛhtijat'lı] |
| valoroso (adj) | cürətli | [dʒyræt'li] |

| sério (adj) | ciddi | [dʒ'id'di] |
| severo (adj) | telebkar | [tælæb'kar] |

decidido (adj)	qetiyyetli	[gætiæt'li]
indeciso (adj)	qetiyyetsiz	[gætiæ'tsiz]
tímido (adj)	cesaretsiz	[dʒ'æsaræ'tsiz]
timidez (f)	cesaretsizlik	[dʒ'æsarætsiz'lik]

confiança (f)	inam	[i'nam]
confiar (vt)	inanmaq	[inan'mah]
crédulo (adj)	her kese inanan	['hær kæ'sæ ina'nan]

sinceramente	semimiyyetle	[sæmimi'ætlæ]
sincero (adj)	semimi	[sæmi'mi]
sinceridade (f)	semimiyyet	[sæmimi'æt]
aberto (adj)	semimi	[sæmi'mi]

calmo (adj)	sakit	[sa'kit]
franco (adj)	semimi	[sæmi'mi]
ingênuo (adj)	sadelövh	[sadæ'løvh]
distraído (adj)	fikri dağınıq	[fik'ri daɣı'nıh]
engraçado (adj)	mezeli	[mæzæ'li]

ganância (f)	acgözlük	[adʒ'gøz'lyk]
ganancioso (adj)	acgöz	[adʒ''gøz]
avarento, sovina (adj)	xesis	[xæ'sis]
mal (adj)	hirsli	[hirs'li]
teimoso (adj)	inadkar	[inad'kar]
desagradável (adj)	nifret oyadan	[nif'ræt oja'dan]

egoísta (m)	xudbin adam	[xud'bin a'dam]
egoísta (adj)	xudbin	[xud'bin]
covarde (m)	qorxaq	[gor'xah]
covarde (adj)	qorxaq	[gor'xah]

60. O sono. Sonhos

dormir (vi)	yatmaq	[jat'mah]
sono (m)	yuxu	[ju'xu]
sonho (m)	röya	[rø'ja]
sonhar (ver sonhos)	yuxu görmek	[ju'xu gør'mæk]
sonolento (adj)	yuxulu	[juxu'lʲu]

cama (f)	çarpayı	[tʃarpa'jı]
colchão (m)	döşek	[dø'ʃæk]
cobertor (m)	yorğan	[jor'ɣan]
travesseiro (m)	yastıq	[jas'tıh]
lençol (m)	melefe	[mælæ'fæ]

insônia (f)	yuxusuzluq	[juxusuz'lʲuh]
sem sono (adj)	yuxusuz	[juxu'suz]
sonífero (m)	yuxu dermanı	[ju'xu dærma'nı]
tomar um sonífero	yuxu dermanı	[ju'xu dærma'nı
	qebul etmek	gæ'bul ɛt'mæk]

estar sonolento	yatmaq istəmək	[jat'mah istæ'mæk]
bocejar (vi)	əsnəmək	[æsnæ'mæk]
ir para a cama	yatmağa getmək	[jatma'ɣa gɛtmæk]
fazer a cama	yorğan-döşək salmaq	[jor'ɣan dø'ʃæk sal'mah]
adormecer (vi)	yuxulamaq	[juχula'mah]

pesadelo (m)	kabus	[ka'bus]
ronco (m)	xorultu	[χorul'tu]
roncar (vi)	xoruldamaq	[χorulda'mah]

despertador (m)	zəngli saat	[zæng'li sa'at]
acordar, despertar (vt)	oyatmaq	[ojat'mah]
acordar (vi)	oyanmaq	[ojna'mah]
levantar-se (vr)	qalxmaq	[galχ'mah]
lavar-se (vr)	əl-üz yumaq	['æl 'juz ju'mah]

61. Humor. Riso. Alegria

humor (m)	yumor	['jumor]
senso (m) de humor	hiss	['his]
divertir-se (vr)	şənlənmək	[ʃænlæn'mæk]
alegre (adj)	şən	['ʃæn]
diversão (f)	şənlik	[ʃæn'lik]

sorriso (m)	təbəssüm	[tæbæs'sym]
sorrir (vi)	gülümsəmək	[gylymsæ'mæk]
começar a rir	gülmək	[gylʲ'mæk]
rir (vi)	gülmək	[gylʲ'mæk]
riso (m)	gülüş	[gy'lyʃ]

anedota (f)	lətifə	[læti'fæ]
engraçado (adj)	məzəli	[mæzæ'li]
ridículo, cômico (adj)	gülməli	[gylmæ'li]

brincar (vi)	zarafat etmək	[zara'fat ɛt'mæk]
piada (f)	zarafat	[zara'fat]
alegria (f)	sevinc	[sɛ'vindʒ']
regozijar-se (vr)	sevinmək	[sɛvin'mæk]
alegre (adj)	sevincli	[sɛvindʒ'li]

62. Discussão, conversação. Parte 1

comunicação (f)	ünsiyyət	[ynsi'æt]
comunicar-se (vr)	ünsiyyət saxlamaq	[ynsi'æt saχla'mah]

conversa (f)	danışıq	[danı'ʃıh]
diálogo (m)	dialoq	[dia'loh]
discussão (f)	müzakirə	[myzaki'ræ]
debate (m)	mübahisə	[mybahi'sæ]
debater (vt)	mübahisə etmək	[mybahi'sæ ɛt'mæk]
interlocutor (m)	həmsöhbət	[hæmsøh'bæt]
tema (m)	mövzu	[møv'zu]

ponto (m) de vista	nöqteyi-nəzər	[nøg'tɛi næ'zær]
opinião (f)	mülahizə	[mylahi'zæ]
discurso (m)	nitq	['nith]

discussão (f)	müzakirə	[myzaki'ræ]
discutir (vt)	müzakirə etmək	[myzaki'ræ ɛt'mæk]
conversa (f)	söhbət	[søh'bæt]
conversar (vi)	söhbət etmək	[søh'bæt ɛt'mæk]
reunião (f)	görüş	[gø'ryʃ]
encontrar-se (vr)	görüşmək	[gøryʃ'mæk]

provérbio (m)	atalar sözü	[ata'lar sø'zy]
ditado, provérbio (m)	zərbi-məsəl	['zærbi mæ'sæl]
adivinha (f)	tapmaca	[tapma'dʒⁱa]
dizer uma adivinha	tapmaca demək	[tapma'dʒⁱa dɛ'mæk]
senha (f)	parol	[pa'rol]
segredo (m)	gizli iş	[giz'li 'iʃ]

juramento (m)	and	['and]
jurar (vi)	and içmək	['and itʃ'mæk]
promessa (f)	vəd	['væd]
prometer (vt)	vəd etmək	['væd ɛt'mæk]

conselho (m)	məsləhət	[mæslæ'hæt]
aconselhar (vt)	məsləhət vermək	[mæslæ'hæt vɛr'mæk]
escutar (~ os conselhos)	məsləhətə	[mæslæhæ'tæ
	əməl etmək	æ'mæl ɛt'mæk]

novidade, notícia (f)	yenilik	[ɛni'lik]
sensação (f)	sensasiya	[sɛn'sasija]
informação (f)	məlumat	[mælⁱu'mat]
conclusão (f)	nəticə	[næti'dʒⁱæ]
voz (f)	səs	['sæs]
elogio (m)	kompliment	[kompli'mɛnt]
amável, querido (adj)	iltifatlı	[iltifat'lı]

palavra (f)	söz	['søz]
frase (f)	ibarə	[iba'ræ]
resposta (f)	cavab	[dʒⁱa'vap]
verdade (f)	həqiqət	[hægi'gæt]
mentira (f)	uydurma	[ujdur'ma]

pensamento (m)	düşüncə	[dyʃyn'dʒⁱæ]
ideia (f)	fikir	[fi'kir]
fantasia (f)	xülya	[xy'lja]

63. Discussão, conversação. Parte 2

estimado, respeitado (adj)	hörmət edilən	[hør'mæt ɛdi'læn]
respeitar (vt)	hörmət etmək	[hør'mæt ɛt'mæk]
respeito (m)	hörmət	[hør'mæt]
Estimado ..., Caro ...	Hörmətli ...	[hørmæt'li ...]
apresentar	tanış etmək	[ta'nıʃ ɛt'mæk]
(alguém a alguém)		

intenção (f)	niyyət	[ni'æt]
tencionar (~ fazer algo)	niyyətində olmaq	[niætin'dæ ol'mah]
desejo (de boa sorte)	arzu	[ar'zu]
desejar (ex. ~ boa sorte)	arzu etmək	[ar'zu ɛt'mæk]

surpresa (f)	təəccüb	[taæ'dʒyp]
surpreender (vt)	təəccübləndirmək	[taædʒyblændir'mæk]
surpreender-se (vr)	təəccüblənmək	[taædʒyblæn'mæk]

dar (vt)	vermək	[vɛr'mæk]
pegar (tomar)	almaq	[al'mah]
devolver (vt)	qaytarmaq	[gajtar'mah]
retornar (vt)	qaytarmaq	[gajtar'mah]

desculpar-se (vr)	üzr istəmək	['juzr istæ'mæk]
desculpa (f)	bağışlama	[baɣɯʃla'ma]
perdoar (vt)	bağışlamaq	[baɣɯʃla'mah]

falar (vi)	danışmaq	[danɯʃ'mah]
escutar (vt)	qulaq asmaq	[gu'lah as'mah]
ouvir até o fim	dinləmək	[dinlæ'mæk]
entender (compreender)	başa düşmək	[ba'ʃa dyʃ'mæk]

mostrar (vt)	göstərmək	[gøstær'mæk]
olhar para ...	baxmaq	[baχ'mah]
chamar (alguém para ...)	çağırmaq	[tʃaɣɯr'mah]
perturbar (vt)	mane olmaq	[ma'nɛ ol'mah]
entregar (~ em mãos)	vermək	[vɛr'mæk]

pedido (m)	xahiş	[χa'hiʃ]
pedir (ex. ~ ajuda)	xahiş etmək	[χa'hiʃ ɛt'mæk]
exigência (f)	tələb	[tæ'læp]
exigir (vt)	tələb etmək	[tæ'læp ɛt'mæk]

insultar (chamar nomes)	cırnatmaq	[dʒɯrnat'mah]
zombar (vt)	rişxənd etmək	[riʃχænd ɛt'mæk]
zombaria (f)	rişxənd	[riʃχænd]
alcunha (f), apelido (m)	ayama	[aja'ma]

insinuação (f)	eyham	[ɛj'ham]
insinuar (vt)	eyham vurmaq	[ɛj'ham vur'mah]
querer dizer	nəzərdə tutmaq	[næzær'dæ tut'mah]

descrição (f)	təsvir	[tæs'vir]
descrever (vt)	təsvir etmək	[tæs'vir ɛt'mæk]
elogio (m)	tərif	[tæ'rif]
elogiar (vt)	tərifləmək	[tæriflæ'mæk]

desapontamento (m)	məyusluq	[mæys'lʲuh]
desapontar (vt)	məyus etmək	[mæ'jus ɛt'mæk]
desapontar-se (vr)	məyus olmaq	[mæ'jus ol'mah]

suposição (f)	fərziyyə	[færzi'æ]
supor (vt)	fərz etmək	['færz ɛt'mæk]
advertência (f)	xəbərdarlıq	[χæbærdar'lıh]
advertir (vt)	xəbərdar etmək	[χæbær'dar ɛt'mæk]

64. Discussão, conversação. Parte 3

convencer (vt)	yola gətirmək	[jo'la gætir'mæk]
acalmar (vt)	sakitləşdirmək	[sakitlæʃdir'mæk]
silêncio (o ~ é de ouro)	susma	[sus'ma]
ficar em silêncio	susmaq	[sus'mah]
sussurrar (vt)	pıçıldamaq	[pɪtʃɪlda'mah]
sussurro (m)	pıçıltı	[pɪtʃɪl'tɪ]
francamente	açıq	[a'tʃɪh]
na minha opinião ...	mənim fikrimcə ...	[mæ'nim fik'rimʤʲæ ...]
detalhe (~ da história)	təfərrüat	[tæfærry'at]
detalhado (adj)	ətraflı	[ætraf'lɪ]
detalhadamente	təfərrüatı ilə	[tæfærrya'tɪ i'læ]
dica (f)	xəlvətçə söyləmə	[χæl'vætʃæ søjlæ'mæ]
dar uma dica	xəlvətçə söyləmək	[χæl'vætʃæ søjlæ'mæk]
olhar (m)	baxış	[ba'χɪʃ]
dar uma olhada	baxmaq	[baχ'mah]
fixo (olhada ~a)	durğun	[dur'ɣun]
piscar (vi)	göz qırpmaq	[gøz gɪrp'mah]
piscar (vt)	kirpik çalmaq	[kir'pik tʃal'mah]
acenar com a cabeça	başı ilə razılıq bildirmək	[ba'ʃɪ i'læ razɪ'lɪh bildir'mæk]
suspiro (m)	nəfəs alma	[næ'fæs al'ma]
suspirar (vi)	nəfəs almaq	[næ'fæs al'mah]
estremecer (vi)	diksinmək	[diksin'mæk]
gesto (m)	əl-qol hərəkəti	['æl 'gol hærækæ'ti]
tocar (com as mãos)	toxunmaq	[toχun'mah]
agarrar (~ pelo braço)	tutmaq	[tut'mah]
bater de leve	vurmaq	[vur'mah]
Cuidado!	Diqqətli ol!	[dikkæt'li 'ol]
Sério?	Mümkünmü?	[mym'kynmy]
Tem certeza?	Bundan əminsən?	[bun'dan æ'minsæn]
Boa sorte!	Uğurlar olsun!	[uɣur'lar ol'sun]
Entendi!	Aydındır!	[aj'dɪndɪr]
Que pena!	Heyf!	['hɛjf]

65. Acordo. Recusa

consentimento (~ mútuo)	razılıq	[razɪ'lɪh]
consentir (vi)	razı olmaq	[ra'zɪ ol'mah]
aprovação (f)	təqdir etmə	[tæg'dir ɛt'mæ]
aprovar (vt)	təqdir etmək	[tæg'dir ɛt'mæk]
recusa (f)	imtina	[imti'na]
negar-se a ...	imtina etmək	[imti'na ɛt'mæk]
Ótimo!	Əla!	[æ'la]
Tudo bem!	Yaxşı!	['jaχʃɪ]

Está bem! De acordo!	Oldu!	[ol'du]
proibido (adj)	qadağan olmuş	[gada'ɣan ol'muʃ]
é proibido	olmaz	[ol'maz]
é impossível	mümkün deyil	[mym'kyn 'dɛjıl]
incorreto (adj)	yanlış	[jan'lıʃ]

rejeitar (~ um pedido)	rədd etmək	['rædd ɛt'mæk]
apoiar (vt)	dəstəkləmək	[dæstæklæ'mæk]
aceitar (desculpas, etc.)	qəbul etmək	[gæ'bul ɛt'mæk]

confirmar (vt)	təsdiq etmək	[tæs'dih ɛt'mæk]
confirmação (f)	təsdiq etmə	[tæs'dih ɛt'mæ]
permissão (f)	icazə	[idʒ'a'zæ]
permitir (vt)	icazə vermək	[idʒ'a'zæ vɛr'mæk]
decisão (f)	qərar	[gæ'rar]
não dizer nada	susmaq	[sus'mah]

condição (com uma ~)	şərt	['ʃært]
pretexto (m)	bəhanə	[bæha'næ]
elogio (m)	tərif	[tæ'rif]
elogiar (vt)	tərifləmək	[tæriflæ'mæk]

66. Sucesso. Boa sorte. Insucesso

êxito, sucesso (m)	müvəffəqiyyət	[myvæffægi'æt]
com êxito	müvəffəqiyyətlə	[myvæffægi'ætlæ]
bem sucedido (adj)	müvəffəqiyyətli	[myvæffægiæt'li]

sorte (fortuna)	bəxtin gətirməsi	[bæχ'tin gætirmæ'si]
Boa sorte!	Uğurlar olsun!	[uɣur'lar ol'sun]
de sorte	uğurlu	[uɣur'lʲu]
sortudo, felizardo (adj)	uğurlu	[uɣur'lʲu]
fracasso (m)	müvəffəqiyyətsizlik	[myvæffægiætsiz'lik]
pouca sorte (f)	uğursuzluq	[uɣursuz'lʲuh]
azar (m), má sorte (f)	uğursuzluq	[uɣursuz'lʲuh]
mal sucedido (adj)	uğursuz	[uɣur'suz]
catástrofe (f)	fəlakət	[fæla'kæt]

orgulho (m)	fəxr	['fæχr]
orgulhoso (adj)	məğrur	[mæ'ɣrur]
estar orgulhoso, -a	fəxr etmək	['fæχr ɛt'mæk]
vencedor (m)	qalib	[ga'lip]
vencer (vi, vt)	qalib gəlmək	[ga'lip gæl'mæk]
perder (vt)	məğlubiyyətə uğramaq	[mæɣlʲubiæ'tæ uɣra'mah]
tentativa (f)	təşəbbüs	[tæʃæb'bys]
tentar (vt)	cəhd göstərmək	['dʒ'æhd gøstær'mæk]
chance (m)	şans	['ʃans]

67. Conflitos. Emoções negativas

grito (m)	çığırtı	[ʧ'ıɣır'tı]
gritar (vi)	çığırmaq	[ʧ'ıɣır'mah]

começar a gritar	çığırmaq	[ʧɪɣɪr'mah]
discussão (f)	dalaşma	[dalaʃma]
brigar (discutir)	dalaşmaq	[dalaʃ'mah]
escândalo (m)	qalmaqal	[galma'gal]
criar escândalo	qalmaqal salmaq	[galma'gal sal'mah]
conflito (m)	münaqişə	[mynagi'ʃæ]
mal-entendido (m)	anlaşmazlıq	[anlaʃmaz'lıh]

insulto (m)	təhkir	[tæh'kir]
insultar (vt)	təhkir etmək	[tæh'kir ɛt'mæk]
insultado (adj)	təhkir olunmuş	[tæh'kir olʲun'muʃ]
ofensa (f)	inciklik	[indʒik'lik]
ofender (vt)	incitmək	[indʒit'mæk]
ofender-se (vr)	incimək	[indʒi'mæk]

indignação (f)	hiddət	[hid'dæt]
indignar-se (vr)	hiddətlənmək	[hiddætlæn'mæk]
queixa (f)	şikayət	[ʃika'jæt]
queixar-se (vr)	şikayət etmək	[ʃika'jæt ɛt'mæk]

desculpa (f)	bağışlama	[baɣıʃla'ma]
desculpar-se (vr)	üzr istəmək	['juzr istæ'mæk]
pedir perdão	əfv diləmək	['æfv dilæ'mæk]

crítica (f)	tənqid	[tæn'gid]
criticar (vt)	tənqid etmək	[tæn'gid ɛt'mæk]
acusação (f)	ittiham	[itti'ham]
acusar (vt)	ittiham etmək	[itti'ham ɛt'mæk]

vingança (f)	intiqam	[inti'gam]
vingar (vt)	intiqam almaq	[inti'gam al'mah]
vingar-se de	evezini çıxmaq	[ævæzi'ni ʧıɣ'mah]

desprezo (m)	xor baxılma	['χor baχıl'ma]
desprezar (vt)	xor baxmaq	['χor baχ'mah]
ódio (m)	nifrət	[nif'ræt]
odiar (vt)	nifrət etmək	[nif'ræt ɛt'mæk]

nervoso (adj)	əsəbi	[æsæ'bi]
estar nervoso	əsəbiləşmək	[æsæbilæʃ'mæk]
zangado (adj)	hirsli	[hirs'li]
zangar (vt)	hirsləndirmək	[hirslændir'mæk]

humilhação (f)	alçaltma	[alʧalt'ma]
humilhar (vt)	alçaltmaq	[alʧalt'mah]
humilhar-se (vr)	alçalmaq	[alʧal'mah]

choque (m)	şok	['ʃok]
chocar (vt)	şok vəziyyətinə salmaq	['ʃok væziæti'næ sal'mah]

aborrecimento (m)	xoşagəlməz hadisə	[χoʃagæl'mæz hadi'sæ]
desagradável (adj)	nifrət oyadan	[nif'ræt oja'dan]

medo (m)	qorxu	[gor'χu]
terrível (tempestade, etc.)	şiddətli	[ʃiddæt'li]
assustador (ex. história ~a)	qorxulu	[gorχu'lʲu]

horror (m)	dəhşət	[dæh'ʃæt]
horrível (crime, etc.)	dəhşətli	[dæhʃæt'li]
chorar (vi)	ağlamaq	[aɣla'mah]
começar a chorar	ağlamaq	[aɣla'mah]
lágrima (f)	göz yaşı	[gøz ja'ʃɪ]
falta (f)	qəbahət	[gæba'hæt]
culpa (f)	taqsır	[tag'sɪr]
desonra (f)	biabırçılıq	[biabɪrtʃɪ'lɪh]
protesto (m)	etiraz	[ɛti'raz]
estresse (m)	stres	['strɛs]
perturbar (vt)	mane olmaq	[ma'nɛ ol'mah]
zangar-se com ...	hirslənmək	[hirslæn'mæk]
zangado (irritado)	hirsli	[hirs'li]
terminar (vt)	kəsmək	[kæs'mæk]
praguejar	söyüş söymək	[sø'juʃ søj'mæk]
assustar-se	qorxmaq	[gorχ'mah]
golpear (vt)	vurmaq	[vur'mah]
brigar (na rua, etc.)	dalaşmaq	[dalaʃ'mah]
resolver (o conflito)	nizama salmaq	[niza'ma sal'mah]
descontente (adj)	narazı	[nara'zɪ]
furioso (adj)	qəzəbli	[gæzæb'li]
Não está bem!	Bu, heç də yaxşı iş deyil!	['bu 'hɛtʃ 'dæ jaχ'ʃɪ 'iʃ 'dɛjɪl]
É ruim!	Bu, pisdir!	['bu 'pisdir]

Medicina

68. Doenças

doença (f)	xəstəlik	[xæstæ'lik]
estar doente	xəstə olmaq	[xæs'tæ ol'mah]
saúde (f)	sağlamlıq	[saɣlam'lıh]
nariz (m) escorrendo	zökəm	[zø'kæm]
amigdalite (f)	angina	[a'ngina]
resfriado (m)	soyuqdəymə	[sojugdæj'mæ]
ficar resfriado	özünü soyuğa vermək	[øzy'ny soju'ɣa vɛr'mæk]
bronquite (f)	bronxit	[bron'xit]
pneumonia (f)	sətəlcəm	[sætæl'ʤʲæm]
gripe (f)	qrip	['grip]
míope (adj)	uzağı görməyən	[uza'ɣı 'gørmæjæn]
presbita (adj)	uzağı yaxşı görən	[uza'ɣı jax'ʃı gø'ræn]
estrabismo (m)	çəpgözlük	[ʧæpgøz'lyk]
estrábico, vesgo (adj)	çəpgöz	[ʧæp'gøz]
catarata (f)	katarakta	[kata'rakta]
glaucoma (m)	qlaukoma	[glau'koma]
AVC (m), apoplexia (f)	insult	[in'sulʲt]
ataque (m) cardíaco	infarkt	[in'farkt]
enfarte (m) do miocárdio	miokard infarktı	[mio'kard infark'tı]
paralisia (f)	iflic	[if'liʤʲ]
paralisar (vt)	iflic olmaq	[if'liʤʲ ol'mah]
alergia (f)	allergiya	[allɛr'gija]
asma (f)	astma	['astma]
diabetes (f)	diabet	[dia'bɛt]
dor (f) de dente	diş ağrısı	['diʃ aɣrı'sı]
cárie (f)	kariyes	['kariɛs]
diarreia (f)	diareya	[dia'rɛja]
prisão (f) de ventre	qəbizlik	[gæbiz'lik]
desarranjo (m) intestinal	mədə pozuntusu	[mæ'dæ pozuntu'su]
intoxicação (f) alimentar	zəhərlənmə	[zæhærlæn'mæ]
intoxicar-se	qidadan zəhərlənmək	[gida'dan zæhærlæn'mæk]
artrite (f)	artrit	[art'rit]
raquitismo (m)	raxit	[ra'xit]
reumatismo (m)	revmatizm	[rɛvma'tizm]
arteriosclerose (f)	ateroskleroz	[atɛrosklɛ'roz]
gastrite (f)	qastrit	[gast'rit]
apendicite (f)	appendisit	[appɛndi'sit]

| colecistite (f) | xolesistit | [xolɛsis'tit] |
| úlcera (f) | xora | [xo'ra] |

sarampo (m)	qızılca	[gızıl'dʒʲa]
rubéola (f)	məxmərək	[mæxmæ'ræk]
icterícia (f)	sarılıq	[sarı'lıh]
hepatite (f)	hepatit	[hɛpa'tit]

esquizofrenia (f)	şizofreniya	[ʃizofrɛ'nija]
raiva (f)	quduzluq	[guduz'lʲuh]
neurose (f)	nevroz	[nɛv'roz]
contusão (f) cerebral	beyin sarsıntısı	[bɛ'jın sarsıntı'sı]

câncer (m)	rak	['rak]
esclerose (f)	skleroz	[sklɛ'roz]
esclerose (f) múltipla	dağınıq skleroz	[daɣı'nıh sklɛ'roz]

alcoolismo (m)	əyyaşlıq	[æjaʃ'lıh]
alcoólico (m)	əyyaş	[æ'jaʃ]
sífilis (f)	sifilis	['sifilis]
AIDS (f)	QİÇS	['gitʃs]

tumor (m)	şiş	['ʃiʃ]
maligno (adj)	bədxassəli	['bædxas'sæli]
benigno (adj)	xoşxassəli	[xoʃxas'sæli]

febre (f)	qızdırma	[gızdır'ma]
malária (f)	malyariya	[malʲa'rija]
gangrena (f)	qanqrena	[gang'rɛna]
enjoo (m)	dəniz xəstəliyi	[dæ'niz xæstæli'jı]
epilepsia (f)	epilepsiya	[ɛpi'lɛpsija]

epidemia (f)	epidemiya	[ɛpi'dɛmija]
tifo (m)	yatalaq	[jata'lah]
tuberculose (f)	vərəm	[væ'ræm]
cólera (f)	vəba	[væ'ba]
peste (f) bubônica	taun	[ta'un]

69. Sintomas. Tratamentos. Parte 1

sintoma (m)	əlamət	[æla'mæt]
temperatura (f)	qızdırma	[gızdır'ma]
febre (f)	yüksək qızdırma	[jyk'sæk gızdır'ma]
pulso (m)	nəbz	['næbz]

vertigem (f)	başgicəllənməsi	[baʃgidʒʲællænmæ'si]
quente (testa, etc.)	isti	[is'ti]
calafrio (m)	titrəmə	[titræ'mæ]
pálido (adj)	rəngi ağarmış	[ræ'ngi aɣar'mıʃ]

tosse (f)	öskürək	[øsky'ræk]
tossir (vi)	öskürmək	[øskyr'mæk]
espirrar (vi)	asqırmaq	[asgır'mah]
desmaio (m)	bihuşluq	[bihuʃ'lʲuh]

desmaiar (vi)	huşunu itirmək	['huʃunu itir'mæk]
mancha (f) preta	qançır	[gan'tʃır]
galo (m)	şiş	['ʃiʃ]
machucar-se (vr)	dəymək	[dæj'mæk]
contusão (f)	zədələmə	[zædælæ'mæ]
machucar-se (vr)	zədələnmək	[zædælæn'mæk]
mancar (vi)	axsamaq	[axsa'mah]
deslocamento (f)	burxulma	[burxul'ma]
deslocar (vt)	burxutmaq	[burxut'mah]
fratura (f)	sınıq	[sı'nıh]
fraturar (vt)	sındırmaq	[sındır'mah]
corte (m)	kəsik	[kæ'sik]
cortar-se (vr)	kəsmək	[kæs'mæk]
hemorragia (f)	qanaxma	[ganax'ma]
queimadura (f)	yanıq	[ja'nıh]
queimar-se (vr)	yanmaq	[jan'mah]
picar (vt)	batırmaq	[batır'mah]
picar-se (vr)	batırmaq	[batır'mah]
lesionar (vt)	zədələmək	[zædælæ'mæk]
lesão (m)	zədə	[zæ'dæ]
ferida (f), ferimento (m)	yara	[ja'ra]
trauma (m)	travma	['travma]
delirar (vi)	sayıqlamaq	[sajıgla'mah]
gaguejar (vi)	kəkələmək	[kækælæ'mæk]
insolação (f)	gün vurması	['gyn vurma'sı]

70. Sintomas. Tratamentos. Parte 2

dor (f)	ağrı	[a'ɣrı]
farpa (no dedo, etc.)	tikan	[ti'kan]
suor (m)	tər	['tær]
suar (vi)	tərləmək	[tærlæ'mæk]
vômito (m)	qusma	[gus'ma]
convulsões (f pl)	qıc	['gıdʒ']
grávida (adj)	hamilə	[hami'læ]
nascer (vi)	anadan olmaq	[ana'dan ol'mah]
parto (m)	doğuş	[do'ɣuʃ]
dar à luz	doğmaq	[do'ɣmah]
aborto (m)	uşaq saldırma	[u'ʃah saldır'ma]
respiração (f)	tənəffüs	[tænæf'fys]
inspiração (f)	nəfəs alma	[næ'fæs al'ma]
expiração (f)	nəfəs vermə	[næ'fæs vɛr'mæ]
expirar (vi)	nəfəs vermək	[næ'fæs vɛr'mæk]
inspirar (vi)	nəfəs almaq	[næ'fæs al'mah]
inválido (m)	əlil	[æ'lil]
aleijado (m)	şikəst	[ʃi'kæst]

drogado (m)	narkoman	[narko'man]
surdo (adj)	kar	['kar]
mudo (adj)	lal	['lal]
surdo-mudo (adj)	lal-kar	['lal 'kar]

louco, insano (adj)	dəli	[dæ'li]
louco (m)	dəli	[dæ'li]
louca (f)	dəli	[dæ'li]
ficar louco	dəli olmaq	[dæ'li ol'mah]

gene (m)	gen	['gɛn]
imunidade (f)	immunitet	[immuni'tɛt]
hereditário (adj)	irsi	[ir'si]
congênito (adj)	anadangəlmə	[anadangæl'mæ]

vírus (m)	virus	['virus]
micróbio (m)	mikrob	[mik'rop]
bactéria (f)	bakteriya	[bak'tɛrija]
infecção (f)	infeksiya	[in'fɛksija]

71. Sintomas. Tratamentos. Parte 3

| hospital (m) | xəstəxana | [xæstæχa'na] |
| paciente (m) | pasiyent | [pasi'ɛnt] |

diagnóstico (m)	diaqnoz	[di'agnoz]
cura (f)	müalicə	[myali'ʤæ]
curar-se (vr)	müalicə olunmaq	[myali'ʤæ olʲun'mah]
tratar (vt)	müalicə etmək	[myali'ʤæ ɛt'mæk]
cuidar (pessoa)	xəstəyə qulluq etmək	[xæstæ'jæ gul'lʲuh ɛt'mæk]
cuidado (m)	xəstəyə qulluq	[xæstæ'jæ gul'lʲuh]

operação (f)	əməliyyat	[æmæli'at]
enfaixar (vt)	sarğı bağlamaq	[sar'ɣɪ baɣla'mah]
enfaixamento (m)	sarğı	[sar'ɣɪ]

vacinação (f)	peyvənd	[pɛj'vænd]
vacinar (vt)	peyvənd etmək	[pɛj'vænd æt'mæk]
injeção (f)	iynə	[ij'næ]
dar uma injeção	iynə vurmaq	[ij'næ vur'mah]

amputação (f)	amputasiya	[ampu'tasija]
amputar (vt)	amputasiya etmək	[ampu'tasija ɛt'mæk]
coma (f)	koma	['koma]
estar em coma	komaya düşmək	['komaja dyʃ'mæk]
reanimação (f)	reanimasiya	[rɛani'masija]

recuperar-se (vr)	sağalmaq	[saɣal'mah]
estado (~ de saúde)	vəziyyət	[væzi'æt]
consciência (perder a ~)	huş	['huʃ]
memória (f)	yaddaş	[jad'daʃ]

| tirar (vt) | çəkdirmək | [ʧækdir'mæk] |
| obturação (f) | plomb | ['plomp] |

obturar (vt)	plomblamaq	[plombla'mah]
hipnose (f)	hipnoz	[hip'noz]
hipnotizar (vt)	hipnoz etmək	[hip'noz ɛt'mæk]

72. Médicos

médico (m)	həkim	[hæ'kim]
enfermeira (f)	tibb bacısı	['tibp badʒɪ'sɪ]
médico (m) pessoal	şəxsi həkim	[ʃæχ'si hæ'kim]
dentista (m)	diş həkimi	['diʃ hæki'mi]
oculista (m)	göz həkimi	[gøz hæki'mi]
terapeuta (m)	terapevt	[tɛra'pɛvt]
cirurgião (m)	cərrah	[dʒ'ær'rah]
psiquiatra (m)	psixiatr	[psiχi'atr]
pediatra (m)	pediatr	[pɛdi'atr]
psicólogo (m)	psixoloq	[psi'χoloh]
ginecologista (m)	ginekoloq	[ginɛ'koloh]
cardiologista (m)	kardioloq	[kardi'oloh]

73. Medicina. Drogas. Acessórios

medicamento (m)	dərman	[dær'man]
remédio (m)	dava	[da'va]
receitar (vt)	yazmaq	[jaz'mah]
receita (f)	resept	[rɛ'sɛpt]
comprimido (m)	həb	['hæp]
unguento (m)	məlhəm	[mæl'hæm]
ampola (f)	ampula	['ampula]
solução, preparado (m)	mikstura	[miks'tura]
xarope (m)	sirop	[si'rop]
cápsula (f)	həb	['hæp]
pó (m)	toz dərman	['toz dær'man]
atadura (f)	bint	['bint]
algodão (m)	pambıq	[pam'bıh]
iodo (m)	yod	['jod]
curativo (m) adesivo	yapışan məlhəm	[japɪ'ʃan mæl'hæm]
conta-gotas (m)	damcıtökən	[damdʒ'ıtø'kæn]
termômetro (m)	termometr	[tɛr'momɛtr]
seringa (f)	şpris	['ʃpris]
cadeira (f) de rodas	əlil arabası	[æ'lil araba'sɪ]
muletas (f pl)	qoltuqağacı	[goltuɣa'ɣa'dʒ'ɪ]
analgésico (m)	ağrıkəsici	[aɣrɪkæsi'dʒ'i]
laxante (m)	işlətmə dərmanı	[iʃlæt'mæ dærma'nɪ]
álcool (m)	spirt	['spirt]
ervas (f pl) medicinais	bitki	[bit'ki]
de ervas (chá ~)	bitki	[bit'ki]

74. Fumar. Produtos tabágicos

tabaco (m)	tütün	[ty'tyn]
cigarro (m)	siqaret	[siga'rɛt]
charuto (m)	siqara	[si'gara]
cachimbo (m)	tənbəki çubuğu	[tænbæ'ki ʧubu'ɣu]
maço (~ de cigarros)	paçka	[paʧ'ka]

fósforos (m pl)	kibrit	[kib'rit]
caixa (f) de fósforos	kibrit qutusu	[kib'rit gutu'su]
isqueiro (m)	alışqan	[alıʃ'gan]
cinzeiro (m)	külqabı	['kylˈgabı]
cigarreira (f)	portsiqar	[porʦi'gar]

piteira (f)	müştük	[myʃ'tyk]
filtro (m)	süzgəc	[syz'gædʒˈ]

fumar (vi, vt)	çəkmək	[ʧæk'mæk]
acender um cigarro	çəkmək	[ʧæk'mæk]
tabagismo (m)	çəkmə	[ʧæk'mæ]
fumante (m)	çəkən	[ʧæ'kæn]

bituca (f)	siqaret kötüyü	[siga'rɛt køty'ju]
fumaça (f)	tüstü	[tys'ty]
cinza (f)	kül	['kylˈ]

HABITAT HUMANO

Cidade

75. Cidade. Vida na cidade

cidade (f)	şəhər	[ʃæ'hær]
capital (f)	paytaxt	[paj'taχt]
aldeia (f)	kənd	['kænd]
mapa (m) da cidade	şəhərin planı	[ʃæhæ'rin pla'nı]
centro (m) da cidade	şəhərin mərkəzi	[ʃæhæ'rin mærkæ'zi]
subúrbio (m)	şəhərətrafı qəsəbə	[ʃæhærætra'fı gæsæ'bæ]
suburbano (adj)	şəhərətrafı	[ʃæhærætra'fı]
periferia (f)	kənar	[kæ'nar]
arredores (m pl)	ətraf yerlər	[æt'raf ɛr'lɛr]
quarteirão (m)	məhəllə	[mæhæl'læ]
quarteirão (m) residencial	yaşayış məhəlləsi	[jaʃa'jıʃ mæhællæ'si]
tráfego (m)	hərəkət	[hæræ'kæt]
semáforo (m)	svetofor	[svɛto'for]
transporte (m) público	şəhər nəqliyyatı	[ʃæ'hær næglia'tı]
cruzamento (m)	dörd yol ağzı	[dørd 'jol a'ɣzı]
faixa (f)	keçid	[kɛ'tʃid]
túnel (m) subterrâneo	yeraltı keçid	[ɛral'tı kɛ'tʃid]
cruzar, atravessar (vt)	keçmək	[kɛtʃ'mæk]
pedestre (m)	piyada gedən	[pija'da gɛ'dæn]
calçada (f)	küçə səkisi	[ky'tʃæ sæki'si]
ponte (f)	körpü	[kør'py]
margem (f) do rio	sahil küçəsi	[sa'hil kytʃæ'si]
fonte (f)	fəvvarə	['fævva'ræ]
alameda (f)	xiyaban	[χija'ban]
parque (m)	park	['park]
bulevar (m)	bulvar	[bul'var]
praça (f)	meydan	[mɛj'dan]
avenida (f)	prospekt	[pros'pɛkt]
rua (f)	küçə	[ky'tʃæ]
travessa (f)	döngə	[dø'ngæ]
beco (m) sem saída	dalan	[da'lan]
casa (f)	ev	['ɛv]
edifício, prédio (m)	bina	[bi'na]
arranha-céu (m)	göydələn	[gøjdæ'læn]
fachada (f)	fasad	[fa'sad]
telhado (m)	dam	['dam]

janela (f)	pəncərə	[pænʤ¦æ'ræ]
arco (m)	arka	['arka]
coluna (f)	sütun	[sy'tun]
esquina (f)	tin	['tin]

vitrine (f)	vitrin	[vit'rin]
letreiro (m)	lövhə	[løv'hæ]
cartaz (do filme, etc.)	afişa	[a'fiʃa]
cartaz (m) publicitário	reklam plakatı	[rɛk'lam plaka'tı]
painel (m) publicitário	reklam lövhəsi	[rɛk'lam løvhæ'si]

lixo (m)	tullantılar	[tullantı'lar]
lata (f) de lixo	urna	['urna]
jogar lixo na rua	zibilləmək	[zibillæ'mæk]
aterro (m) sanitário	zibil tökülən yer	[zi'bil tøky'læn 'ɛr]

orelhão (m)	telefon budkası	[tɛlɛ'fon budka'sı]
poste (m) de luz	fənərli dirək	[fænær'li di'ræk]
banco (m)	skamya	[skam'ja]

polícia (m)	polis işçisi	[po'lis iʧi'si]
polícia (instituição)	polis	[po'lis]
mendigo, pedinte (m)	dilənçi	[dilæn'ʧi]
desabrigado (m)	evsiz-eşiksiz	[ɛv'siz æʃik'siz]

76. Instituições urbanas

loja (f)	mağaza	[ma'ɣaza]
drogaria (f)	aptek	[ap'tɛk]
ótica (f)	optik cihazlar	[op'tik ʤihaz'lar]
centro (m) comercial	ticarət mərkəzi	[tidʒ¦a'ræt mærkæ'zi]
supermercado (m)	supermarket	[supɛr'markɛt]

padaria (f)	çörəkçixana	[ʧœrækʧiχa'na]
padeiro (m)	çörəkçi	['ʧœræk'ʧi]
pastelaria (f)	şirniyyat mağazası	[ʃirni'at ma'ɣazası]
mercearia (f)	bakaleya mağazası	[baka'lɛja ma'ɣazası]
açougue (m)	ət dükanı	['æt dyka'nı]

fruteira (f)	tərəvəz dükanı	[tæræ'væz dyka'nı]
mercado (m)	bazar	[ba'zar]

cafeteria (f)	kafe	[ka'fɛ]
restaurante (m)	restoran	[rɛsto'ran]
bar (m)	pivəxana	[pivæχa'na]
pizzaria (f)	pitseriya	[pitsɛ'rija]

salão (m) de cabeleireiro	bərbərxana	[bærbærχa'na]
agência (f) dos correios	poçt	['poʧt]
lavanderia (f)	kimyəvi təmizləmə	[kimjæ'vi tæmizlæ'mæ]
estúdio (m) fotográfico	fotoatelye	[fotoatɛ'ljɛ]

sapataria (f)	ayaqqabı mağazası	[ajakka'bı ma'ɣazası]
livraria (f)	kitab mağazası	[ki'tap ma'ɣazası]

loja (f) de artigos esportivos	idman malları mağazası	[id'man malla'rı ma'ɣazası]
costureira (m)	paltarların təmiri	[paltarla'rın tæmi'ri]
aluguel (m) de roupa	paltarların kirayəsi	[paltarla'rın kirajæ'si]
videolocadora (f)	filmlərin kirayəsi	[filmlæ'rin kirajæ'si]
circo (m)	sirk	['sirk]
jardim (m) zoológico	heyvanat parkı	[hɛjva'nat par'kı]
cinema (m)	kinoteatr	[kinotɛ'atr]
museu (m)	muzey	[mu'zɛj]
biblioteca (f)	kitabxana	[kitapχa'na]
teatro (m)	teatr	[tɛ'atr]
ópera (f)	opera	['opɛra]
boate (casa noturna)	gecə klubu	[gɛ'dʒʲæ klʲu'bu]
cassino (m)	kazino	[kazi'no]
mesquita (f)	məsçid	[mæs'tʃid]
sinagoga (f)	sinaqoq	[sina'goh]
catedral (f)	baş kilsə	['baʃ kil'sæ]
templo (m)	məbəd	[mæ'bæd]
igreja (f)	kilsə	[kil'sæ]
faculdade (f)	institut	[insti'tut]
universidade (f)	universitet	[univɛrsi'tɛt]
escola (f)	məktəb	[mæk'tæp]
prefeitura (f)	prefektura	[prɛfɛk'tura]
câmara (f) municipal	bələdiyyə	[bælædi'æ]
hotel (m)	mehmanxana	[mɛhmanχa'na]
banco (m)	bank	['bank]
embaixada (f)	səfirlik	[sæfir'lik]
agência (f) de viagens	turizm agentliyi	[tu'rizm agɛntli'jı]
agência (f) de informações	məlumat bürosu	[mælʲu'mat byro'su]
casa (f) de câmbio	mübadilə məntəqəsi	[mybadi'læ mæntægæ'si]
metrô (m)	metro	[mɛt'ro]
hospital (m)	xəstəxana	[χæstæχa'na]
posto (m) de gasolina	yanacaq doldurma məntəqəsi	[jana'dʒʲah doldur'ma mæntægæ'si]
parque (m) de estacionamento	avtomobil dayanacağı	[avtomo'bil dajanadʒʲa'ɣı]

77. Transportes urbanos

ônibus (m)	avtobus	[av'tobus]
bonde (m) elétrico	tramvay	[tram'vaj]
trólebus (m)	trolleybus	[trol'lɛjbus]
rota (f), itinerário (m)	marşrut	[marʃ'rut]
número (m)	nömrə	[nøm'ræ]
ir de ... (carro, etc.)	getmək	[gɛt'mæk]
entrar no ...	minmək	[min'mæk]
descer do ...	enmək	[ɛn'mæk]

parada (f)	dayanacaq	[dajana'dʒ¦ah]
próxima parada (f)	növbəti dayanacaq	[nøvbæ'ti dajana'dʒ¦ah]
terminal (m)	axırıncı dayanacaq	[aχırın'dʒ¦ı dajana'dʒ¦ah]
horário (m)	hərəkət cədvəli	[hæræ'kæt dʒ¦ædvæ'li]
esperar (vt)	gözləmək	[gøzlæ'mæk]

| passagem (f) | bilet | [bi'lɛt] |
| tarifa (f) | biletin qiyməti | [bilɛ'tin gijmæ'ti] |

bilheteiro (m)	kassir	[kas'sir]
controle (m) de passagens	nəzarət	[næza'ræt]
revisor (m)	nəzarətçi	[næzaræ'ʧi]

atrasar-se (vr)	gecikmək	[gɛdʒ¦ik'mæk]
perder (o autocarro, etc.)	gecikmək	[gɛdʒ¦ik'mæk]
estar com pressa	tələsmək	[tælæs'mæk]

táxi (m)	taksi	[tak'si]
taxista (m)	taksi sürücüsü	[tak'si syrydʒy'sy]
de táxi (ir ~)	taksi ilə	[tak'si i'læ]
ponto (m) de táxis	taksi dayanacağı	[tak'si dajanadʒ¦a'ɣı]
chamar um táxi	taksi sifariş etmək	[tak'si sifa'riʃ ɛt'mæk]
pegar um táxi	taksi tutmaq	[tak'si tut'mah]

tráfego (m)	küçə hərəkəti	[ky'ʧæ hærækæ'ti]
engarrafamento (m)	tıxac	[tı'χadʒ¦]
horas (f pl) de pico	pik saatları	['pik saatla'rı]
estacionar (vi)	park olunmaq	['park olʲun'mah]
estacionar (vt)	park etmək	['park ɛt'mæk]
parque (m) de estacionamento	avtomobil dayanacağı	[avtomo'bil dajanadʒ¦a'ɣı]

metrô (m)	metro	[mɛt'ro]
estação (f)	stansiya	['stansija]
ir de metrô	metro ilə getmək	[mɛt'ro i'læ gɛt'mæk]
trem (m)	qatar	[ga'tar]
estação (f) de trem	dəmiryol vağzalı	[dæ'mirjol vaɣza'lı]

78. Turismo

monumento (m)	abidə	[abi'dæ]
fortaleza (f)	qala	[ga'la]
palácio (m)	saray	[sa'raj]
castelo (m)	qəsr	['gæsr]
torre (f)	qüllə	[gyl'læ]
mausoléu (m)	məqbərə	[mægbæ'ræ]

arquitetura (f)	memarlıq	[mɛmar'lıh]
medieval (adj)	orta əsrlərə aid	[or'ta æsrlæ'ræ a'id]
antigo (adj)	qədimi	[gædi'mi]
nacional (adj)	milli	[mil'li]
famoso, conhecido (adj)	məşhur	[mæʃ'hur]

| turista (m) | turist | [tu'rist] |
| guia (pessoa) | bələdçi | [bælæd'ʧi] |

excursão (f)	gəzinti	[gæzin'ti]
mostrar (vt)	göstərmək	[gøstær'mæk]
contar (vt)	söyləmək	[søjlæ'mæk]

encontrar (vt)	tapmaq	[tap'mah]
perder-se (vr)	itmək	[it'mæk]
mapa (~ do metrô)	sxem	['sχɛm]
mapa (~ da cidade)	plan	['plan]

lembrança (f), presente (m)	suvenir	[suvɛ'nir]
loja (f) de presentes	suvenir mağazası	[suvɛ'nir ma'ɣazası]
tirar fotos, fotografar	fotoşəkil çəkmək	[fotoʃæ'kil ʧæk'mæk]
fotografar-se (vr)	fotoşəkil çəkdirmək	[fotoʃæ'kil ʧækdir'mæk]

79. Compras

comprar (vt)	almaq	[al'mah]
compra (f)	satın alınmış şey	[sa'tın alın'mıʃ 'ʃɛj]
fazer compras	alış-veriş etmək	[a'lıʃ vɛ'riʃ æt'mæk]
compras (f pl)	şoppinq	['ʃoppinh]

| estar aberta (loja) | işləmək | [iʃlæ'mæk] |
| estar fechada | bağlanmaq | [baɣlan'mah] |

calçado (m)	ayaqqabı	[ajakka'bı]
roupa (f)	geyim	[gɛ'jım]
cosméticos (m pl)	kosmetika	[kos'mɛtika]
alimentos (m pl)	ərzaq	[ær'zah]
presente (m)	hədiyyə	[hædi'æ]

| vendedor (m) | satıcı | [satı'ʤı] |
| vendedora (f) | satıcı qadın | [satı'ʤı ga'dın] |

caixa (f)	kassa	['kassa]
espelho (m)	güzgü	[gyz'gy]
balcão (m)	piştaxta	[piʃtaχ'ta]
provador (m)	paltarı ölçüb baxmaq üçün yer	[palta'rı øl'ʧup baχ'mah ju'ʧun 'ɛr]

provar (vt)	paltarı ölçüb baxmaq	[palta'rı øl'ʧup baχ'mah]
servir (roupa, caber)	münasib olmaq	[myna'sip ol'mah]
gostar (apreciar)	xoşuna gəlmək	[χoʃu'na gæl'mæk]

preço (m)	qiymət	[gij'mæt]
etiqueta (f) de preço	qiymət yazılan birka	[gij'mæt jazı'lan 'birka]
custar (vt)	qiyməti olmaq	[gijmæ'ti ol'mah]
Quanto?	Neçəyədir?	[nɛʧæ'jædir]
desconto (m)	endirim	[ɛndi'rim]

não caro (adj)	baha olmayan	[ba'ha 'olmajan]
barato (adj)	ucuz	[u'ʤyz]
caro (adj)	bahalı	[baha'lı]
É caro	Bu, bahadır.	['bu ba'hadır]
aluguel (m)	kirayə	[kira'jæ]

alugar (roupas, etc.)	kirayəyə götürmək	[kirajæ'jæ gøtyr'mæk]
crédito (m)	kredit	[krɛ'dit]
a crédito	kreditlə almaq	[krɛ'ditlæ al'mah]

80. Dinheiro

dinheiro (m)	pul	['pul]
câmbio (m)	mübadilə	[mybadi'læ]
taxa (f) de câmbio	kurs	['kurs]
caixa (m) eletrônico	bankomat	[banko'mat]
moeda (f)	pul	['pul]

| dólar (m) | dollar | ['dollar] |
| euro (m) | yevro | ['ɛvro] |

lira (f)	lira	['lira]
marco (m)	marka	[mar'ka]
franco (m)	frank	['frank]
libra (f) esterlina	funt sterling	['funt 'stɛrlinh]
iene (m)	yena	['jɛna]

dívida (f)	borc	['bordʒʲ]
devedor (m)	borclu	[bordʒʲ'lʲu]
emprestar (vt)	borc vermək	['bordʒʲ vɛr'mæk]
pedir emprestado	borc almaq	['bordʒʲ al'mah]

banco (m)	bank	['bank]
conta (f)	hesab	[hɛ'sap]
depositar na conta	hesaba yatırmaq	[hɛsa'ba jatır'mah]
sacar (vt)	hesabdan pul götürmək	[hɛsab'dan 'pul gøtyr'mæk]

cartão (m) de crédito	kredit kartı	[krɛ'dit kar'tı]
dinheiro (m) vivo	nəqd pul	['nægd 'pul]
cheque (m)	çek	['ʧɛk]
passar um cheque	çek yazmaq	['ʧɛk jaz'mah]
talão (m) de cheques	çek kitabçası	['ʧɛk kitapʧa'sı]

carteira (f)	cib kisəsi	['dʒʲip kisæ'si]
niqueleira (f)	pul kisəsi	['pul kisæ'si]
cofre (m)	seyf	['sɛjf]

herdeiro (m)	vərəsə	[væræ'sæ]
herança (f)	miras	[mi'ras]
fortuna (riqueza)	var-dövlət	['var døv'læt]

arrendamento (m)	icarə	[idʒʲa'ræ]
aluguel (pagar o ~)	mənzil haqqı	[mæn'zil hak'kı]
alugar (vt)	kirayə etmək	[kira'jæ ɛt'mæk]

preço (m)	qiymət	[gij'mæt]
custo (m)	qiymət	[gij'mæt]
soma (f)	məbləğ	[mæb'læɣ]
gastar (vt)	sərf etmək	['særf ɛt'mæk]
gastos (m pl)	xərclər	[xærdʒʲ'lær]

| economizar (vi) | qənaət etmək | [gæna'æt ɛt'mæk] |
| econômico (adj) | qənaətcil | [gænaæt'dʒⁱil] |

pagar (vt)	pulunu ödəmək	[pulⁱu'nu ødæ'mæk]
pagamento (m)	ödəniş	[ødæ'niʃ]
troco (m)	pulun artığı	[pu'lⁱun artı'ɣı]

imposto (m)	vergi	[vɛr'gi]
multa (f)	cərimə	[dʒⁱæri'mæ]
multar (vt)	cərimə etmək	[dʒⁱæri'mæ ɛt'mæk]

81. Correios. Serviço postal

agência (f) dos correios	poçt binası	['potʃt bina'sı]
correio (m)	poçt	['potʃt]
carteiro (m)	poçtalyon	[potʃta'lⁱon]
horário (m)	iş saatları	['iʃ saatla'rı]

carta (f)	məktub	[mæk'tup]
carta (f) registada	sifarişli məktub	[sifariʃ'li mæk'tup]
cartão (m) postal	poçt kartoçkası	['potʃt kartotʃka'sı]
telegrama (m)	teleqram	[tɛlɛg'ram]
encomenda (f)	bağlama	[baɣla'ma]
transferência (f) de dinheiro	pul köçürməsi	['pul køtʃurmæ'si]

receber (vt)	almaq	[al'mah]
enviar (vt)	göndərmək	[gøndær'mæk]
envio (m)	göndərilmə	[gøndæril'mæ]

endereço (m)	ünvan	[yn'van]
código (m) postal	indeks	['indɛks]
remetente (m)	göndərən	[gøndæ'ræn]
destinatário (m)	alan	[a'lan]

| nome (m) | ad | ['ad] |
| sobrenome (m) | soyadı | ['sojadı] |

tarifa (f)	tarif	[ta'rif]
ordinário (adj)	adi	[a'di]
econômico (adj)	qənaətə imkan verən	[gænaæ'tæ im'kan vɛ'ræn]

peso (m)	çəki	[tʃæ'ki]
pesar (estabelecer o peso)	çəkmək	[tʃæk'mæk]
envelope (m)	zərf	['zærf]
selo (m) postal	marka	[mar'ka]

Moradia. Casa. Lar

82. Casa. Habitação

casa (f)	ev	['ɛv]
em casa	evdə	[ɛv'dæ]
pátio (m), quintal (f)	həyət	[hæ'jæt]
cerca, grade (f)	çəpər	[ʧæ'pær]
tijolo (m)	kərpic	[kær'pidʒʲ]
de tijolos	kərpicdən olan	[kærpidʒʲ'dæn o'lan]
pedra (f)	daş	['daʃ]
de pedra	daşdan olan	[daʃ'dan o'lan]
concreto (m)	beton	[bɛ'ton]
concreto (adj)	betondan olan	[bɛton'dan o'lan]
novo (adj)	təzə	[tæ'zæ]
velho (adj)	köhnə	[køh'næ]
decrépito (adj)	uçuq-sökük	[u'ʧuh sø'kyk]
moderno (adj)	müasir	[mya'sir]
de vários andares	çoxmərtəbəli	[ʧoχmærtæbæ'li]
alto (adj)	hündür	[hyn'dyr]
andar (m)	mərtəbə	[mærtæ'bæ]
de um andar	birmərtəbəli	[birmærtæbæ'li]
térreo (m)	alt mərtəbə	['alt mærtæ'bæ]
andar (m) de cima	üst mərtəbə	['just mærtæ'bæ]
telhado (m)	dam	['dam]
chaminé (f)	boru	[bo'ru]
telha (f)	kirəmit	[kiræ'mit]
de telha	kirəmitdən olan	[kiræmit'dæn o'lan]
sótão (m)	çardaq	[ʧar'dah]
janela (f)	pəncərə	[pændʒʲæ'ræ]
vidro (m)	şüşə	[ʃy'ʃæ]
parapeito (m)	pəncərə altı	[pændʒʲæ'ræ al'tı]
persianas (f pl)	pəncərə qapaqları	[pændʒʲæ'ræ gapagla'rı]
parede (f)	divar	[di'var]
varanda (f)	balkon	[bal'kon]
calha (f)	nov borusu	['nov boru'su]
em cima	yuxarıda	[juχarı'da]
subir (vi)	qalxmaq	[galχ'mah]
descer (vi)	aşağı düşmək	[aʃa'ɣı dyʃ'mæk]
mudar-se (vr)	köçmək	[køʧ'mæk]

83. Casa. Entrada. Elevador

entrada (f)	giriş yolu	[gi'riʃ jo'lʲu]
escada (f)	pilləkən	[pillæ'kæn]
degraus (m pl)	pillələr	[pillæ'lær]
corrimão (m)	məhəccər	[mæhæ'dʒʲær]
hall (m) de entrada	xoll	['ӽoll]

caixa (f) de correio	poçt qutusu	['potʃt gutu'su]
lata (f) do lixo	zibil qabı	[zi'bil ga'bı]
calha (f) de lixo	zibil borusu	[zi'bil boru'su]

elevador (m)	lift	['lift]
elevador (m) de carga	yük lifti	['juk lif'ti]
cabine (f)	kabina	[ka'bina]
pegar o elevador	liftə minmək	[lif'tæ min'mæk]

apartamento (m)	mənzil	[mæn'zil]
residentes (pl)	sakinlər	[sakin'lær]
vizinho (m)	qonşu	[gon'ʃu]
vizinha (f)	qonşu	[gon'ʃu]
vizinhos (pl)	qonşular	[gonʃu'lar]

84. Casa. Portas. Fechaduras

porta (f)	qapı	[ga'pı]
portão (m)	darvaza	[darva'za]
maçaneta (f)	qapı dəstəyi	[ga'pı dæstæ'jı]
destrancar (vt)	açmaq	[atʃ'mah]
abrir (vt)	açmaq	[atʃ'mah]
fechar (vt)	bağlamaq	[baӽla'mah]

chave (f)	açar	[a'tʃar]
molho (m)	bağlama	[baӽla'ma]
ranger (vi)	cırıldamaq	[dʒʲırılda'mah]
rangido (m)	cırıltı	[dʒʲırıl'tı]
dobradiça (f)	rəzə	[ræ'zæ]
capacho (m)	xalça	[ӽal'tʃa]

fechadura (f)	qıfıl	[gı'fıl]
buraco (m) da fechadura	açar yeri	[a'tʃar ɛ'ri]
barra (f)	siyirmə	[sijır'mæ]
fecho (ferrolho pequeno)	siyirtmə	[sijırt'mæ]
cadeado (m)	asma qıfıl	[as'ma gı'fıl]

tocar (vt)	zəng etmək	['zæng ɛt'mæk]
toque (m)	zəng	['zænh]
campainha (f)	zəng	['zænh]
botão (m)	düymə	[dyj'mæ]
batida (f)	taqqıltı	[takkıl'tı]
bater (vi)	taqqıldatmaq	[takkıldat'mah]
código (m)	kod	['kod]
fechadura (f) de código	kodlu qıfıl	[kod'lʲu gı'fıl]

interfone (m)	domofon	[domo'fon]
número (m)	nömrə	[nøm'ræ]
placa (f) de porta	lövhəcik	[løvhæ'dʒik]
olho (m) mágico	qapının deşiyi	[gapı'nın dɛʃi'jı]

85. Casa de campo

| aldeia (f) | kənd | ['kænd] |
| horta (f) | bostan | [bos'tan] |

cerca (f)	hasar	[ha'sar]
cerca (f) de piquete	çəpər	[tʃæ'pær]
portão (f) do jardim	kiçik qapı	[ki'tʃik ga'pı]

celeiro (m)	anbar	[an'bar]
adega (f)	zirzəmi	[zirzæ'mi]
galpão, barracão (m)	dam	['dam]
poço (m)	quyu	[gu'ju]

| fogão (m) | soba | [so'ba] |
| atiçar o fogo | qalamaq | [gala'mah] |

| lenha (carvão ou ~) | odun | [o'dun] |
| acha, lenha (f) | odun parçası | [o'dun partʃa'sı] |

varanda (f)	şüşəbənd	[ʃyʃæ'bænd]
alpendre (m)	terras	[tɛr'ras]
degraus (m pl) de entrada	artırma	[artır'ma]
balanço (m)	yellənçək	[ɛllæn'tʃæk]

86. Castelo. Palácio

castelo (m)	qəsr	['gæsr]
palácio (m)	saray	[sa'raj]
fortaleza (f)	qala	[ga'la]

muralha (f)	divar	[di'var]
torre (f)	güllə	[gyl'læ]
calabouço (m)	əsas güllə	[æ'sas gyl'læ]

grade (f) levadiça	qaldırılan darvaza	[galdırı'lan darva'za]
passagem (f) subterrânea	yeraltı yol	[ɛral'tı 'jol]
fosso (m)	xəndək	[xæn'dæk]

| corrente, cadeia (f) | zəncir | [zæn'dʒir] |
| seteira (f) | qala bacası | [ga'la badʒa'sı] |

| magnífico (adj) | təmtəraqlı | [tæmtærag'lı] |
| majestoso (adj) | əzəmətli | [æzæmæt'li] |

| inexpugnável (adj) | yenilməz | [ɛnil'mæz] |
| medieval (adj) | orta əsrlərə aid | [or'ta æsrlæ'ræ a'id] |

87. Apartamento

apartamento (m)	mənzil	[mæn'zil]
quarto, cômodo (m)	otaq	[o'tah]
quarto (m) de dormir	yataq otağı	[ja'tah ota'ɣı]
sala (f) de jantar	yemək otağı	[ɛ'mæk ota'ɣı]
sala (f) de estar	qonaq otağı	[go'nah ota'ɣı]
escritório (m)	iş otağı	['iʃ ota'ɣı]
sala (f) de entrada	dəhliz	[dæh'liz]
banheiro (m)	vanna otağı	[van'na ota'ɣı]
lavabo (m)	tualet	[tua'lɛt]
teto (m)	tavan	[ta'van]
chão, piso (m)	döşəmə	[døʃæ'mæ]
canto (m)	künc	['kyndʒ']

88. Apartamento. Limpeza

arrumar, limpar (vt)	yığışdırmaq	[jıɣıʃdır'mah]
guardar (no armário, etc.)	aparmaq	[apar'mah]
pó (m)	toz	['toz]
empoeirado (adj)	tozlu	[toz'lʲu]
tirar o pó	toz almaq	['toz al'mah]
aspirador (m)	tozsoran	[tozso'ran]
aspirar (vt)	tozsoranla toz almaq	[tozso'ranla 'toz al'mah]
varrer (vt)	süpürmək	[sypyr'mæk]
sujeira (f)	zibil	[zi'bil]
arrumação, ordem (f)	səliqə-sahman	[sæli'gæ sah'man]
desordem (f)	səliqəsizlik	[sæligæsiz'lik]
esfregão (m)	lif süpürgə	['lif sypyr'gæ]
pano (m), trapo (m)	əski	[æs'ki]
vassoura (f)	süpürgə	[sypyr'gæ]
pá (f) de lixo	xəkəndaz	[χækæn'daz]

89. Mobiliário. Interior

mobiliário (m)	mebel	['mɛbɛl]
mesa (f)	masa	[ma'sa]
cadeira (f)	stul	['stul]
cama (f)	çarpayı	[ʧarpa'jı]
sofá, divã (m)	divan	[di'van]
poltrona (f)	kreslo	['krɛslo]
estante (f)	kitab şkafı	[ki'tap ʃka'fı]
prateleira (f)	kitab rəfi	[ki'tap ræ'fi]
guarda-roupas (m)	paltar üçün şkaf	[pal'tar ju'ʧun ʃ'kaf]
cabide (m) de parede	paltarasan	[paltara'san]

cabideiro (m) de pé	dik paltarasan	['dik paltara'san]
cômoda (f)	kamod	[ka'mod]
mesinha (f) de centro	jurnal masası	[ʒur'nal masa'sı]

espelho (m)	güzgü	[gyz'gy]
tapete (m)	xalı	[χa'lı]
tapete (m) pequeno	xalça	[χal'ʧa]

lareira (f)	kamin	[ka'min]
vela (f)	şam	['ʃam]
castiçal (m)	şamdan	[ʃam'dan]

cortinas (f pl)	pərdə	[pær'dæ]
papel (m) de parede	divar kağızı	[di'var kʲaɣı'zı]
persianas (f pl)	jalyuzi	[ʒalʲu'zi]

luminária (f) de mesa	stol lampası	['stol lamp'sı]
luminária (f) de parede	çıraq	[ʧı'rah]
abajur (m) de pé	torşer	[tor'ʃɛr]
lustre (m)	çilçıraq	[ʧilʧı'rah]

pé (de mesa, etc.)	ayaq	[a'jah]
braço, descanso (m)	qoltuqaltı	[goltuɣal'tı]
costas (f pl)	söykənəcək	['søjkænæ'dʒʲæk]
gaveta (f)	siyirtmə	[sijırt'mæ]

90. Quarto de dormir

roupa (f) de cama	yataq dəyişəyi	[ja'tah dæiʃæ'jı]
travesseiro (m)	yastıq	[jas'tıh]
fronha (f)	yastıqüzü	[jastıgy'zy]
cobertor (m)	yorğan	[jor'ɣan]
lençol (m)	mələfə	[mælæ'fæ]
colcha (f)	örtük	[ør'tyk]

91. Cozinha

cozinha (f)	mətbəx	[mæt'bæχ]
gás (m)	qaz	['gaz]
fogão (m) a gás	qaz plitəsi	['gaz plitæ'si]
fogão (m) elétrico	elektrik plitəsi	[ɛlɛkt'rik plitæ'si]
forno (m)	duxovka	[duχov'ka]
forno (m) de micro-ondas	mikrodalğalı soba	[mikrodalɣa'lı so'ba]

geladeira (f)	soyuducu	[sojudu'dʒy]
congelador (m)	dondurucu kamera	[donduru'dʒy 'kamɛra]
máquina (f) de lavar louça	qabyuyan maşın	[gaby'jan ma'ʃın]

moedor (m) de carne	ət çəkən maşın	['æt ʧæ'kæn ma'ʃın]
espremedor (m)	şirəçəkən maşın	[ʃiræʧæ'kæn ma'ʃın]
torradeira (f)	toster	['tostɛr]
batedeira (f)	mikser	['miksɛr]

máquina (f) de café	qəhvə hazırlayan maşın	[gæh'væ hazırla'jan ma'ʃın]
cafeteira (f)	qəhvədan	[gæhvæ'dan]
moedor (m) de café	qəhvə üyüdən maşın	[gæh'væ yjy'dæn ma'ʃın]

chaleira (f)	çaydan	[ʧaj'dan]
bule (m)	dəm çaydanı	['dæm ʧajda'nı]
tampa (f)	qapaq	[ga'pah]
coador (m) de chá	kiçik ələk	[ki'ʧik æ'læk]

colher (f)	qaşıq	[ga'ʃıh]
colher (f) de chá	çay qaşığı	['ʧaj gaʃı'ɣı]
colher (f) de sopa	xörək qaşığı	[χø'ræk gaʃı'ɣı]
garfo (m)	çəngəl	[ʧæ'ngæl]
faca (f)	bıçaq	[bı'ʧah]

louça (f)	qab-qacaq	['gap ga'ʤah]
prato (m)	boşqab	[boʃ'gap]
pires (m)	nəlbəki	[nælbæ'ki]

cálice (m)	qədəh	[gæ'dæh]
copo (m)	stəkan	[stæ'kan]
xícara (f)	fincan	[fin'ʤan]

açucareiro (m)	qənd qabı	['gænd ga'bı]
saleiro (m)	duz qabı	['duz ga'bı]
pimenteiro (m)	istiot qabı	[isti'ot ga'bı]
manteigueira (f)	yağ qabı	['jaɣ ga'bı]

panela (f)	qazan	[ga'zan]
frigideira (f)	tava	[ta'va]
concha (f)	çömçə	[ʧœm'ʧæ]
coador (m)	aşsüzən	[aʃsy'zæn]
bandeja (f)	mecmeyi	[mæʤˈmæ'jı]

garrafa (f)	şüşə	[ʃy'ʃæ]
pote (m) de vidro	şüşə banka	[ʃy'ʃæ ban'ka]
lata (~ de cerveja)	banka	[ban'ka]

abridor (m) de garrafa	açan	[a'ʧan]
abridor (m) de latas	konserv ağzı açan	[kon'sɛrv a'ɣzı a'ʧan]
saca-rolhas (m)	burğu	[bur'ɣu]
filtro (m)	süzgəc	[syz'gæʤ]
filtrar (vt)	süzgəcdən keçirmək	[syzgæʤˈdæn kɛʧir'mæk]

lixo (m)	zibil	[zi'bil]
lixeira (f)	zibil vedrəsi	[zi'bil vɛdræ'si]

92. Casa de banho

banheiro (m)	vanna otağı	[van'na ota'ɣı]
água (f)	su	['su]
torneira (f)	kran	['kran]
água (f) quente	isti su	[is'ti 'su]
água (f) fria	soyuq su	[so'juh 'su]

| pasta (f) de dente | diş məcunu | ['diʃ mædʒy'nu] |
| escovar os dentes | dişləri fırçalamaq | [diʃlæ'ri fɪrtʃala'mah] |

barbear-se (vr)	üzünü qırxmaq	[yzy'ny gɪrx'mah]
espuma (f) de barbear	üz qırxmaq üçün köpük	['juz gɪrx'mah ju'tʃun kø'pyk]
gilete (f)	ülgüc	[ylˈgydʒi]

lavar (vt)	yumaq	[ju'mah]
tomar banho	yuyunmaq	[jujun'mah]
chuveiro (m), ducha (f)	duş	['duʃ]
tomar uma ducha	duş qəbul etmək	['duʃ gæ'bul ɛt'mæk]

banheira (f)	vanna	[van'na]
vaso (m) sanitário	unitaz	[uni'taz]
pia (f)	su çanağı	['su tʃana'ɣɪ]

| sabonete (m) | sabun | [sa'bun] |
| saboneteira (f) | sabun qabı | [sa'bun ga'bɪ] |

esponja (f)	hamam süngəri	[ha'mam syngæ'ri]
xampu (m)	şampun	[ʃam'pun]
toalha (f)	dəsmal	[dæs'mal]
roupão (m) de banho	hamam xələti	[ha'mam xælæ'ti]

lavagem (f)	paltarın yuyulması	[palta'rɪn yjulma'sɪ]
lavadora (f) de roupas	paltaryuyan maşın	[paltary'jan ma'ʃɪn]
lavar a roupa	paltar yumaq	[pal'tar ju'mah]
detergente (m)	yuyucu toz	[juju'dʒy 'toz]

93. Eletrodomésticos

televisor (m)	televizor	[tɛlɛ'vizor]
gravador (m)	maqnitofon	[maqnito'fon]
videogravador (m)	videomaqnitofon	[vidɛomagnito'fon]
rádio (m)	qəbuledici	[gæbulɛdi'dʒi]
leitor (m)	pleyer	['plɛjɛr]

projetor (m)	video proyektor	[vidɛo pro'ɛktor]
cinema (m) em casa	ev kinoteatrı	['æv kinotɛat'rɪ]
DVD Player (m)	DVD maqnitofonu	[divi'di magnitofo'nu]
amplificador (m)	səs gücləndiricisi	['sæs gydʒilændiridʒi'si]
console (f) de jogos	oyun əlavəsi	[o'jun ælavæ'si]

câmera (f) de vídeo	videokamera	[vidɛo'kamɛra]
máquina (f) fotográfica	fotoaparat	[fotoapa'rat]
câmera (f) digital	rəqəm fotoaparatı	[ræ'gæm fotoapara'tɪ]

aspirador (m)	tozsoran	[tozso'ran]
ferro (m) de passar	ütü	[y'ty]
tábua (f) de passar	ütü taxtası	[y'ty taxta'sɪ]

telefone (m)	telefon	[tɛlɛ'fon]
celular (m)	mobil telefon	[mo'bil tɛlɛ'fon]
máquina (f) de escrever	yazı maşını	[ja'zɪ maʃɪ'nɪ]

máquina (f) de costura	tikiş maşını	[ti'kiʃ maʃı'nı]
microfone (m)	mikrofon	[mikro'fon]
fone (m) de ouvido	qulaqlıqlar	[gulaglıg'lar]
controle remoto (m)	pult	['pult]
CD (m)	SD diski	[si'di dis'ki]
fita (f) cassete	kasset	[kas'sɛt]
disco (m) de vinil	val	['val]

94. Reparações. Renovação

renovação (f)	təmir	[tæ'mir]
renovar (vt), fazer obras	təmir işləri aparmaq	[tæ'mir iʃlæ'ri apar'mah]
reparar (vt)	təmir etmək	[tæ'mir ɛt'mæk]
consertar (vt)	qaydaya salmaq	[gajda'ja sal'mah]
refazer (vt)	yenidən düzəltmək	[ɛni'dæn dyzælt'mæk]
tinta (f)	boya	[bo'ja]
pintar (vt)	boyamaq	[boja'mah]
pintor (m)	boyaqçı	[bojag'ʧı]
pincel (m)	fırça	[fır'ʧa]
cal (f)	ağartma	[aɣart'ma]
caiar (vt)	ağartmaq	[aɣart'mah]
papel (m) de parede	divar kağızı	[di'var kʲaɣı'zı]
colocar papel de parede	divar kağızı vurmaq	[di'var kaɣı'zı vur'mah]
verniz (m)	lak	['lak]
envernizar (vt)	lak vurmaq	['lak vur'mah]

95. Canalizações

água (f)	su	['su]
água (f) quente	isti su	[is'ti 'su]
água (f) fria	soyuq su	[so'juh 'su]
torneira (f)	kran	['kran]
gota (f)	damcı	[dam'dʒʲı]
gotejar (vi)	damcılamaq	[damdʒʲıla'maˉ]
vazar (vt)	axmaq	[aχ'mah]
vazamento (m)	axıb getmək	[a'χıp gɛt'mæk]
poça (f)	gölməçə	[gølmæ'ʧæ]
tubo (m)	boru	[bo'ru]
válvula (f)	ventil	['vɛntil]
entupir-se (vr)	yolu tutulmaq	[jo'lʲu tutul'mah]
ferramentas (f pl)	alətlər	[alæt'lær]
chave (f) inglesa	aralayan açar	[arala'jan a'ʧarˌ]
desenroscar (vt)	açmaq	[aʧ'mah]
enroscar (vt)	bərkitmək	[bærkit'mæk]
desentupir (vt)	təmizləmək	[tæmizlæ'mæk]

encanador (m)	santexnik	[san'tɛχnik]
porão (m)	zirzəmi	[zirzæ'mi]
rede (f) de esgotos	kanalizasiya	[kanali'zasija]

96. Fogo. Deflagração

incêndio (m)	od	['od]
chama (f)	alov	[a'lov]
faísca (f)	qığılcım	[gɪɣɪl'dʒʲɪm]
fumaça (f)	tüstü	[tys'ty]
tocha (f)	məşəl	[mæ'ʃæl]
fogueira (f)	tonqal	[ton'gal]

gasolina (f)	benzin	[bɛn'zin]
querosene (m)	ağ neft	['aɣ 'nɛft]
inflamável (adj)	alışqan	[alɪʃ'gan]
explosivo (adj)	partlama təhlükəsi olan	[partla'ma tæhlykæ'si o'lan]
PROIBIDO FUMAR!	SİQARET ÇƏKMƏYİN!	[siga'rɛt 'tʃækmæjɪn]

segurança (f)	təhlükəsizlik	[tæhlykæsiz'lik]
perigo (m)	təhlükə	[tæhly'kæ]
perigoso (adj)	təhlükəli	[tæhlykæ'li]

incendiar-se (vr)	alışmaq	[alɪʃ'mah]
explosão (f)	partlayış	[partla'jɪʃ]
incendiar (vt)	yandırmaq	[jandɪr'mah]
incendiário (m)	qəsdən yandıran	['gæsdæn jandɪ'ran]
incêndio (m) criminoso	od vurma	['od vur'ma]

flamejar (vi)	alışıb yanmaq	[alɪ'ʃɪp jan'mah]
queimar (vi)	yanmaq	[jan'mah]
queimar tudo (vi)	yanıb qurtarmaq	[ja'nɪp gurtar'mah]

bombeiro (m)	yanğınsöndürən	[janɣɪnsøndy'ræn]
caminhão (m) de bombeiros	yanğın maşını	[jan'ɣɪn maʃɪ'nɪ]
corpo (m) de bombeiros	yanğınsöndürmə komandası	[janɣɪnsøndyr'mæ ko'mandasɪ]
escada (f) extensível	yanğın nərdivanı	[jan'ɣɪn nærdiva'nɪ]

mangueira (f)	şlanq	['ʃlanh]
extintor (m)	odsöndürən	[odsøndy'ræn]
capacete (m)	kaska	[kas'ka]
sirene (f)	sirena	[si'rɛna]

gritar (vi)	çığırmaq	[tʃɪɣɪr'mah]
chamar por socorro	köməyə çağırmaq	[kømæ'jæ tʃaɣɪr'mah]
socorrista (m)	xilas edən	[χi'las ɛ'dæn]
salvar, resgatar (vt)	xilas etmək	[χi'las ɛt'mæk]

chegar (vi)	gəlmək	[gæl'mæk]
apagar (vt)	söndürmək	[søndyr'mæk]
água (f)	su	['su]
areia (f)	qum	['gum]
ruínas (f pl)	xarabalıq	[χaraba'lɪh]

ruir (vi)	uçmaq	[utʃ'mah]
desmoronar (vi)	uçmaq	[utʃ'mah]
desabar (vi)	dağılmaq	[daɣıl'mah]
fragmento (m)	qırıntı	[gırın'tı]
cinza (f)	kül	['kylʲ]
sufocar (vi)	boğulmaq	[boɣul'mah]
perecer (vi)	həlak olmaq	[hæ'lak ol'mah]

ATIVIDADES HUMANAS

Emprego. Negócios. Parte 1

97. Banca

banco (m)	bank	['bank]
balcão (f)	şöbə	[ʃo'bæ]

consultor (m) bancário	məsləhətçi	[mæslæhæ'tʃi]
gerente (m)	idarə başçısı	[ida'ræ baʃtʃɪ'sɪ]

conta (f)	hesab	[hɛ'sap]
número (m) da conta	hesab nömrəsi	[hɛ'sap nømræ'si]
conta (f) corrente	cari hesab	[dʒ'a'ri hɛ'sap]
conta (f) poupança	yığılma hesabı	[jɪɣɪl'ma hɛsa'bɪ]

abrir uma conta	hesab açmaq	[hɛ'sap atʃ'mah]
fechar uma conta	bağlamaq	[bayla'mah]
depositar na conta	hesaba yatırmaq	[hɛsa'ba jatɪr'mah]
sacar (vt)	hesabdan pul götürmək	[hɛsab'dan 'pul gøtyr'mæk]

depósito (m)	əmanət	[æma'næt]
fazer um depósito	əmanət qoymaq	[æma'næt goj'mah]
transferência (f) bancária	köçürmə	[køtʃur'mæ]
transferir (vt)	köçürmə etmək	[køtʃur'mæ ɛt'mæk]

soma (f)	məbləğ	[mæb'læɣ]
Quanto?	Nə qədər?	['næ gæ'dær]

assinatura (f)	imza	[im'za]
assinar (vt)	imzalamaq	[imzala'mah]

cartão (m) de crédito	kredit kartı	[krɛ'dit kar'tɪ]
senha (f)	kod	['kod]
número (m) do cartão de crédito	kredit kartının nömrəsi	[krɛ'dit kartɪ'nɪn nømræ'si]

caixa (m) eletrônico	bankomat	[banko'mat]

cheque (m)	çek	['tʃɛk]
passar um cheque	çek yazmaq	['tʃɛk jaz'mah]
talão (m) de cheques	çek kitabçası	['tʃɛk kitaptʃa'sɪ]

empréstimo (m)	kredit	[krɛ'dit]
pedir um empréstimo	kredit üçün müraciət etmək	[krɛ'dit ju'tʃun myradʒi'æt æt'mæk]
obter empréstimo	kredit götürmək	[krɛ'dit gøtyr'mæk]
dar um empréstimo	kredit vermək	[krɛ'dit vɛr'mæk]
garantia (f)	qarantiya	[ga'rantija]

98. Telefone. Conversação telefônica

telefone (m)	telefon	[tɛlɛ'fon]
celular (m)	mobil telefon	[mo'bil tɛlɛ'fon]
secretária (f) eletrônica	avtomatik cavab verən	[avtoma'tik dʒˈa'vap vɛ'ræn]

| fazer uma chamada | zəng etmək | ['zæng ɛt'mæk] |
| chamada (f) | zəng | ['zænh] |

discar um número	nömrəni yığmaq	[nømræ'ni jɪ'ɣmah]
Alô!	allo!	[al'lo]
perguntar (vt)	soruşmaq	[soruʃ'mah]
responder (vt)	cavab vermək	[dʒˈa'vap vɛr'mæk]

ouvir (vt)	eşitmək	[ɛʃit'mæk]
bem	yaxşı	[jaχ'ʃɪ]
mal	pis	['pis]
ruído (m)	maneələr	[manɛæ'lær]

fone (m)	dəstək	[dæs'tæk]
pegar o telefone	dəstəyi götürmək	[dæstæ'jɪ gøtyr'mæk]
desligar (vi)	dəstəyi qoymaq	[dæstæ'jɪ goj'mah]

ocupado (adj)	məşğul	[mæʃ'ɣul]
tocar (vi)	zəng etmək	['zæng ɛt'mæk]
lista (f) telefônica	telefon kitabçası	[tɛlɛ'fon kitabtʃa'sɪ]

local (adj)	yerli	[ɛr'li]
de longa distância	şəhərlərarası	[ʃæhærlærara'sɪ]
internacional (adj)	beynəlxalq	[bɛjnæl'χalh]

99. Telefone móvel

celular (m)	mobil telefon	[mo'bil tɛlɛ'fon]
tela (f)	displey	[disp'lɛj]
botão (m)	düymə	[dyj'mæ]
cartão SIM (m)	SİM kart	['sim 'kart]

bateria (f)	batareya	[bata'rɛja]
descarregar-se (vr)	boşalmaq	[boʃal'mah]
carregador (m)	elektrik doldurucu cihaz	[ɛlɛkt'rik dolduruˈdʒy dʒˈi'haz]

menu (m)	menyu	[mɛ'nju]
configurações (f pl)	sazlamalar	[sazlama'lar]
melodia (f)	melodiya	[mɛ'lodija]
escolher (vt)	seçmək	[sɛtʃ'mæk]

calculadora (f)	kalkulyator	[kalˈkuˈlˈator]
correio (m) de voz	avtomatik cavab verən	[avtoma'tik dʒˈa'vap vɛ'ræn]
despertador (m)	zəngli saat	[zæng'li sa'at]
contatos (m pl)	telefon kitabçası	[tɛlɛ'fon kitabtʃa'sɪ]
mensagem (f) de texto	SMS-xəbər	[ɛsɛ'mɛs χæ'bær]
assinante (m)	abunəçi	[abunæ'tʃi]

100. Estacionário

caneta (f)	diyircəkli avtoqələm	[dijırdʒ'æk'li avtogæ'læm]
caneta (f) tinteiro	ucluğu olan qələm	[udʒyl'u'ɣu o'lan gæ'læm]
lápis (m)	karandaş	[karan'daʃ]
marcador (m) de texto	markyor	[mar'k'or]
caneta (f) hidrográfica	flomaster	[flo'mastɛr]
bloco (m) de notas	bloknot	[blok'not]
agenda (f)	gündəlik	[gyndæ'lik]
régua (f)	xətkeş	[χæt'kɛʃ]
calculadora (f)	kalkulyator	[kal'ku'l'ator]
borracha (f)	pozan	[po'zan]
alfinete (m)	basmadüymə	[basmadyj'mæ]
clipe (m)	qısqac	[gıs'gadʒ']
cola (f)	yapışqan	[japıʃ'gan]
grampeador (m)	stepler	['stɛplɛr]
furador (m) de papel	deşikaçan	[dɛʃika'tʃan]
apontador (m)	qələm yonan	[gæ'læm jo'nan]

Emprego. Negócios. Parte 2

101. Media

jornal (m)	qəzet	[gæ'zɛt]
revista (f)	jurnal	[ʒur'nal]
imprensa (f)	mətbuat	[mætbu'at]
rádio (m)	radio	['radio]
estação (f) de rádio	radio stansiyası	['radio 'stansijası]
televisão (f)	televiziya	[tɛlɛ'vizija]
apresentador (m)	aparıcı	[aparı'dʒʲı]
locutor (m)	diktor	['diktor]
comentarista (m)	şərhçi	[ʃærh'ʧi]
jornalista (m)	jurnalist	[ʒurna'list]
correspondente (m)	müxbir	[myχ'bir]
repórter (m) fotográfico	foto müxbir	['foto myχ'bir]
repórter (m)	reportyor	[rɛpor'tʲor]
redator (m)	redaktor	[rɛ'daktor]
redator-chefe (m)	baş redaktor	['baʃ rɛ'daktor]
assinar a ...	abunə olmaq	[abu'næ ol'mah]
assinatura (f)	abunə	[abu'næ]
assinante (m)	abunəçi	[abunæ'ʧi]
ler (vt)	oxumaq	[oχu'mah]
leitor (m)	oxucu	[oχu'dʒʲu]
tiragem (f)	tiraj	[ti'raʒ]
mensal (adj)	aylıq	[aj'lıh]
semanal (adj)	həftəlik	[hæftæ'lik]
número (jornal, revista)	nömrə	[nøm'ræ]
recente, novo (adj)	təzə	[tæ'zæ]
manchete (f)	başlıq	[baʃ'lıh]
pequeno artigo (m)	kiçik məqalə	[ki'ʧik mæga'læ]
coluna (~ semanal)	rubrika	['rubrika]
artigo (m)	məqalə	[mæga'læ]
página (f)	səhifə	[sæhi'fæ]
reportagem (f)	reportaj	[rɛpor'taʒ]
evento (festa, etc.)	hadisə	[hadi'sæ]
sensação (f)	sensasiya	[sɛn'sasija]
escândalo (m)	qalmaqal	[galma'gal]
escandaloso (adj)	qalmaqallı	[galmagal'lı]
grande (adj)	böyük	[bø'juk]
programa (m)	veriliş	[vɛri'liʃ]
entrevista (f)	müsahibə	[mysahi'bæ]

| transmissão (f) ao vivo | birbaşa translyasiya | [birba'ʃa trans'ⁱasija] |
| canal (m) | kanal | [ka'nal] |

102. Agricultura

agricultura (f)	kənd təsərrüfatı	['kænd tæsærryfa'tɪ]
camponês (m)	kəndli	[kænd'li]
camponesa (f)	kəndli qadın	[kænd'li ga'dɪn]
agricultor, fazendeiro (m)	fermer	['fɛrmɛr]

| trator (m) | traktor | ['traktor] |
| colheitadeira (f) | kombayn | [kom'bajn] |

arado (m)	kotan	[ko'tan]
arar (vt)	şumlamaq	[ʃumla'mah]
campo (m) lavrado	şum	['ʃum]
sulco (m)	şırım	[ʃɪ'rɪm]

semear (vt)	əkmək	[æk'mæk]
plantadeira (f)	toxumsəpən maşın	[toxumsæ'pæn ma'ʃɪn]
semeadura (f)	əkin	[æ'kin]

| foice (m) | dəryaz | [dær'jaz] |
| cortar com foice | ot biçmək | ['ot bitʃ'mæk] |

| pá (f) | bel | ['bɛl] |
| cavar (vt) | belləmək | [bɛllæ'mæk] |

enxada (f)	çapacaq	[tʃapa'dʒⁱah]
capinar (vt)	alaq vurmaq	[a'lah vur'mah]
erva (f) daninha	alaq otu	[a'lah oty]

regador (m)	susəpələyən	[susæpælæ'jæn]
regar (plantas)	suvarmaq	[suvar'mah]
rega (f)	suvarma	[suvar'ma]

| forquilha (f) | yaba | [ja'ba] |
| ancinho (m) | dırmıq | [dɪr'mɪh] |

fertilizante (m)	gübrə	[gyb'ræ]
fertilizar (vt)	gübrələmək	[gybrælæ'mæk]
estrume, esterco (m)	peyin	[pɛ'jɪn]

campo (m)	tarla	[tar'la]
prado (m)	çəmən	[tʃæ'mæn]
horta (f)	bostan	[bos'tan]
pomar (m)	bağ	['baɣ]

pastar (vt)	otarmaq	[otar'mah]
pastor (m)	çoban	[tʃo'ban]
pastagem (f)	otlaq	[ot'lah]

| pecuária (f) | heyvandarlıq | [hɛjvandar'lɪh] |
| criação (f) de ovelhas | qoyunçuluq | [gojuntʃu'ⁱuh] |

plantação (f)	tarla	[tar'la]
canteiro (m)	lək	['læk]
estufa (f)	parnik	[par'nik]

seca (f)	quraqlıq	[gurag'lıh]
seco (verão ~)	quraqlı	[gurag'lı]

cereais (m pl)	dənli	[dæn'li]
colher (vt)	yığmaq	[jı'ɣmah]

moleiro (m)	dəyirmançı	[dæjırman'ʧı]
moinho (m)	dəyirman	[dæjır'man]
moer (vt)	dən üyütmək	['dæn yjut'mæk]
farinha (f)	un	['un]
palha (f)	saman	[sa'man]

103. Construção. Processo de construção

canteiro (m) de obras	inşaat yeri	[inʃa'at ɛ'ri]
construir (vt)	inşa etmək	[in'ʃa ɛt'mæk]
construtor (m)	inşaatçı	[inʃaa'ʧı]

projeto (m)	layihə	[lai'hæ]
arquiteto (m)	memar	[mɛ'mar]
operário (m)	fəhlə	[fæh'læ]

fundação (f)	bünövrə	[bynøv'ræ]
telhado (m)	dam	['dam]
estaca (f)	direk	[di'ræk]
parede (f)	divar	[di'var]

colunas (f pl) de sustentação	armatura	[arma'tura]
andaime (m)	taxtabənd	[taχta'bænd]

concreto (m)	beton	[bɛ'ton]
granito (m)	qranit	[gra'nit]
pedra (f)	daş	['daʃ]
tijolo (m)	kərpic	[kær'pidʒʲ]

areia (f)	qum	['gum]
cimento (m)	sement	[sɛ'mɛnt]
emboço, reboco (m)	suvaq	[su'vah]
emboçar, rebocar (vt)	suvaqlamaq	[suvagla'mah]

tinta (f)	boya	[bo'ja]
pintar (vt)	boyamaq	[boja'mah]
barril (m)	çəllək	[ʧæl'læk]

grua (f), guindaste (m)	kran	['kran]
erguer (vt)	qaldırmaq	[galdır'mah]
baixar (vt)	endirmək	[ɛndir'mæk]

buldózer (m)	buldozer	[bulʲ'dozɛr]
escavadora (f)	ekskavator	[ɛkska'vator]

caçamba (f)	**təknə**	[tæk'næ]
escavar (vt)	**qazmaq**	[gaz'mah]
capacete (m) de proteção	**kaska**	[kas'ka]

Profissões e ocupações

104. Procura de emprego. Demissão

trabalho (m)	iş	['iʃ]
equipe (f)	ştat	['ʃtat]
carreira (f)	karyera	[kar'jɛra]
perspectivas (f pl)	perspektiv	[pɛrspɛk'tiv]
habilidades (f pl)	ustalıq	[usta'lıh]
seleção (f)	seçmə	[sɛtʃ'mæ]
agência (f) de emprego	kadrlar agentliyi	['kadrlar agɛntli'jı]
currículo (m)	CV	[si'vi]
entrevista (f) de emprego	müsahibə	[mysahi'bæ]
vaga (f)	vakansiya	[va'kansija]
salário (m)	əmək haqqı	[æ'mæk hak'kı]
salário (m) fixo	maaş	[ma'aʃ]
pagamento (m)	haqq	['hagh]
cargo (m)	vəzifə	[væzi'fæ]
dever (do empregado)	vəzifə	[væzi'fæ]
gama (f) de deveres	dairə	[dai'ræ]
ocupado (adj)	məşğul	[mæʃ'ɣul]
despedir, demitir (vt)	azad etmək	[a'zad ɛt'mæk]
demissão (f)	azad edilmə	[a'zad ɛdil'mæ]
desemprego (m)	işsizlik	[iʃsiz'lik]
desempregado (m)	işsiz	[iʃ'siz]
aposentadoria (f)	təqaüd	[tæga'jud]
aposentar-se (vr)	təqaüdə çıxmaq	[tægay'dæ tʃıχ'mah]

105. Gente de negócios

diretor (m)	direktor	[di'rɛktor]
gerente (m)	idarə başçısı	[ida'ræ baʃtʃı'sı]
patrão, chefe (m)	rəhbər	[ræh'bær]
superior (m)	müdir	[my'dir]
superiores (m pl)	rəhbərlik	[ræhbær'lik]
presidente (m)	prezident	[prɛzi'dɛnt]
chairman (m)	sədr	['sædr]
substituto (m)	müavin	[mya'vin]
assistente (m)	köməkçi	[kømæk'tʃi]
secretário (m)	katibə	[kʲati'bæ]

secretário (m) pessoal	şəxsi katib	[ʃæχ'si ka'tip]
homem (m) de negócios	biznesmen	['biznɛsmɛn]
empreendedor (m)	sahibkar	[sahib'kʲar]
fundador (m)	təsisçi	[tæsis'ʧi]
fundar (vt)	təsis etmək	[tæ'sis ɛt'mæk]

principiador (m)	təsisçi	[tæsis'ʧi]
parceiro, sócio (m)	partnyor	[part'nʲor]
acionista (m)	səhmdar	[sæhm'dar]

milionário (m)	milyoner	[miljo'nɛr]
bilionário (m)	milyarder	[miljar'dɛr]
proprietário (m)	sahib	[sa'hip]
proprietário (m) de terras	torpaq sahibi	[tor'pah sahi'bi]

cliente (m)	müştəri	[myʃtæ'ri]
cliente (m) habitual	daimi müştəri	[dai'mi myʃtæ'ri]
comprador (m)	alıcı	[alı'ʤı]
visitante (m)	ziyarətçi	[zijaræ'ʧi]

profissional (m)	peşəkar	[pɛʃæ'kar]
perito (m)	ekspert	[ɛks'pɛrt]
especialista (m)	mütəxəssis	[mytæχæs'sis]

banqueiro (m)	bank sahibi	['bank sahi'bi]
corretor (m)	broker	['brokɛr]

caixa (m, f)	kassir	[kas'sir]
contador (m)	mühasib	[myha'sip]
guarda (m)	mühafizəçi	[myhafizæ'ʧi]

investidor (m)	investor	[in'vɛstor]
devedor (m)	borclu	[borʤ'ʲlʲu]
credor (m)	kreditor	[krɛdi'tor]
mutuário (m)	borc alan	['borʤʲ a'lan]

importador (m)	idxalatçı	[idχala'ʧı]
exportador (m)	ixracatçı	[iχraʤʲa'ʧı]

produtor (m)	istehsalçı	[istɛhsal'ʧı]
distribuidor (m)	distribütor	[distri'bytor]
intermediário (m)	vasitəçi	[vasitæ'ʧi]

consultor (m)	məsləhətçi	[mæslæhæ'ʧi]
representante comercial	təmsilçi	[tæmsil'ʧi]
agente (m)	agent	[a'gɛnt]
agente (m) de seguros	sığorta agenti	[sıɣor'ta agɛn'ti]

106. Profissões de serviços

cozinheiro (m)	aşpaz	[aʃ'paz]
chefe (m) de cozinha	baş aşpaz	['baʃ aʃ'paz]
padeiro (m)	çörəkçi	['ʧœræk'ʧi]
barman (m)	barmen	['barmɛn]

| garçom (m) | ofisiant | [ofisi'ant] |
| garçonete (f) | ofisiant qız | [ofisi'ant 'gız] |

advogado (m)	vəkil	[væ'kil]
jurista (m)	hüquqşünas	[hygukʃy'nas]
notário (m)	notarius	[no'tarius]

eletricista (m)	montyor	[mon'tʲor]
encanador (m)	santexnik	[san'tɛχnik]
carpinteiro (m)	dülgər	[dylʲ'gær]

massagista (m)	masajçı	[masaʒ'tʃı]
massagista (f)	masajçı qadın	[masaʒ'tʃı ga'dın]
médico (m)	həkim	[hæ'kim]

taxista (m)	taksi sürücüsü	[tak'si syrydʒy'sy]
condutor (automobilista)	sürücü	[syry'dʒy]
entregador (m)	kuryer	[ku'rjɛr]

camareira (f)	otaq qulluqçusu	[o'tah gullʲugtʃu'su]
guarda (m)	mühafizəçi	[myhafizæ'tʃi]
aeromoça (f)	stüardessa	[styar'dɛssa]

professor (m)	müəllim	[myæl'lim]
bibliotecário (m)	kitabxanaçı	[kitapχana'tʃı]
tradutor (m)	tərcüməçi	[tærdʒymæ'tʃi]
intérprete (m)	tərcüməçi	[tærdʒymæ'tʃi]
guia (m)	bələdçi	[bælæd'tʃi]

cabeleireiro (m)	bərbər	[bær'bær]
carteiro (m)	poçtalyon	[potʃta'lʲon]
vendedor (m)	satıcı	[satı'dʒʲı]

jardineiro (m)	bağban	[ba'ɣban]
criado (m)	nökər	[nø'kær]
criada (f)	ev qulluqçusu	['ɛv gullʲugtʃu'su]
empregada (f) de limpeza	xadimə	[χadi'mæ]

107. Profissões militares e postos

soldado (m) raso	sıravi	[sıra'vi]
sargento (m)	çavuş	[tʃa'vuʃ]
tenente (m)	leytenant	[lɛjtɛ'nant]
capitão (m)	kapitan	[kapi'tan]

major (m)	mayor	[ma'jor]
coronel (m)	polkovnik	[pol'kovnik]
general (m)	general	[gɛnɛ'ral]
marechal (m)	marşal	['marʃal]
almirante (m)	admiral	[admi'ral]

militar (m)	hərbiçi	[hærbi'tʃi]
soldado (m)	əsgər	[æs'gær]
oficial (m)	zabit	[za'bit]

comandante (m)	komandir	[koman'dir]
guarda (m) de fronteira	sərhəd keşikçisi	[sær'hæd kɛʃikʧi'si]
operador (m) de rádio	radist	[ra'dist]
explorador (m)	kəşfiyyatçı	[kæʃfia'ʧɪ]
sapador-mineiro (m)	istehkamçı	[istɛhkam'ʧɪ]
atirador (m)	atıcı	[atɪ'ʤɪ]
navegador (m)	şturman	['ʃturman]

108. Oficiais. Padres

rei (m)	kral	['kral]
rainha (f)	kraliçə	[kra'liʧæ]
príncipe (m)	şahzadə	[ʃahza'dæ]
princesa (f)	şahzadə xanım	[ʃahza'dæ ҳa'nɪm]
czar (m)	çar	['ʧar]
czarina (f)	çariçə	[ʧa'riʧæ]
presidente (m)	prezident	[prɛzi'dɛnt]
ministro (m)	nazir	[na'zir]
primeiro-ministro (m)	baş nazir	['baʃ na'zir]
senador (m)	senator	[sɛ'nator]
diplomata (m)	diplomat	[diplo'mat]
cônsul (m)	konsul	['konsul]
embaixador (m)	səfir	[sæ'fir]
conselheiro (m)	müşavir	[myʃa'vir]
funcionário (m)	məmur	[mæ'mur]
prefeito (m)	prefekt	[prɛ'fɛkt]
Presidente (m) da Câmara	şəhər icra hakimiyyətinin başçısı	[ʃæ'hær idʒɪ'ra hakimiæti'nin baʃʧɪ'sɪ]
juiz (m)	hakim	[ha'kim]
procurador (m)	prokuror	[proku'ror]
missionário (m)	missioner	[missio'nɛr]
monge (m)	rahib	[ra'hip]
abade (m)	abbat	[ab'bat]
rabino (m)	ravvin	['ravvin]
vizir (m)	vəzir	[væ'zir]
xá (m)	şax	['ʃaҳ]
xeique (m)	şeyx	['ʃɛjҳ]

109. Profissões agrícolas

abelheiro (m)	arıçı	[arɪ'ʧɪ]
pastor (m)	çoban	[ʧo'ban]
agrônomo (m)	aqronom	[agro'nom]
criador (m) de gado	heyvandar	[hɛjvan'dar]

veterinário (m)	baytar	[baj'tar]
agricultor, fazendeiro (m)	fermer	['fɛrmɛr]
vinicultor (m)	şərabçı	[ʃærap'ʧɪ]
zoólogo (m)	zooloq	[zo'oloh]
vaqueiro (m)	kovboy	[kov'boj]

110. Profissões artísticas

ator (m)	aktyor	[ak'tʲor]
atriz (f)	aktrisa	[akt'risa]
cantor (m)	müğənni	[myɣæn'ni]
cantora (f)	müğənni qadın	[myɣæn'ni ga'dɪn]
bailarino (m)	rəqqas	[ræk'kas]
bailarina (f)	rəqqasə	[rækka'sæ]
artista (m)	artist	[ar'tist]
artista (f)	artist qadın	[ar'tist ga'dɪn]
músico (m)	musiqiçi	[musigi'ʧi]
pianista (m)	pianoçu	[pi'anoʧu]
guitarrista (m)	qitara çalan	[gi'tara ʧa'lan]
maestro (m)	dirijor	[diri'ʒor]
compositor (m)	bəstəkar	[bæstæ'kar]
empresário (m)	impresario	[imprɛ'sario]
diretor (m) de cinema	rejissor	[rɛʒis'sor]
produtor (m)	prodüser	[pro'dysɛr]
roteirista (m)	ssenarist	[ssɛna'rist]
crítico (m)	tənqidçi	[tængid'ʧi]
escritor (m)	yazıçı	[jazɪ'ʧɪ]
poeta (m)	şair	[ʃa'ir]
escultor (m)	heykəltəraş	[hɛjkæltæ'raʃ]
pintor (m)	rəssam	[ræs'sam]
malabarista (m)	jonqlyor	[ʒong'lʲor]
palhaço (m)	təlxək	[tæl'χæk]
acrobata (m)	canbaz	[dʒʲan'baz]
ilusionista (m)	fokus göstərən	['fokus gøstæ'ræn]

111. Várias profissões

médico (m)	həkim	[hæ'kim]
enfermeira (f)	tibb bacısı	['tibp badʒʲɪ'sɪ]
psiquiatra (m)	psixiatr	[psiχi'atr]
dentista (m)	stomatoloq	[stoma'toloh]
cirurgião (m)	cərrah	[dʒʲær'rah]
astronauta (m)	astronavt	[astro'navt]
astrônomo (m)	astronom	[astro'nom]

motorista (m)	sürücü	[syry'dʒy]
maquinista (m)	maşınsürən	[maʃınsy'ræn]
mecânico (m)	mexanik	[mɛ'χanik]

mineiro (m)	qazmaçı	[gazma'ʧı]
operário (m)	fəhlə	[fæh'læ]
serralheiro (m)	çilinğər	[ʧilin'ɣær]
marceneiro (m)	xarrat	[χar'rat]
torneiro (m)	tornaçı	[torna'ʧı]
construtor (m)	inşaatçı	[inʃaa'ʧı]
soldador (m)	qaynaqçı	[gajnag'ʧı]

professor (m)	professor	[pro'fɛssor]
arquiteto (m)	memar	[mɛ'mar]
historiador (m)	tarixçi	[tariχ'ʧi]
cientista (m)	alim	[a'lim]
físico (m)	fizik	['fizik]
químico (m)	kimyaçı	[kimja'ʧı]

arqueólogo (m)	arxeoloq	[arχɛ'oloh]
geólogo (m)	qeoloq	[gɛ'oloh]
pesquisador (cientista)	tədqiqatçı	[tædgiga'ʧı]

| babysitter, babá (f) | dayə | [da'jæ] |
| professor (m) | pedaqoq | [pɛda'goh] |

redator (m)	redaktor	[rɛ'daktor]
redator-chefe (m)	baş redaktor	['baʃ rɛ'daktor]
correspondente (m)	müxbir	[myχ'bir]
datilógrafa (f)	makinaçı	[ma'kinaʧı]

| designer (m) | dizayner | [di'zajnɛr] |
| especialista (m) em informática | bilgisayar ustası | [bilgisa'jar usta'sı] |

| programador (m) | proqramçı | [program'ʧı] |
| engenheiro (m) | mühəndis | [myhɛn'dis] |

marujo (m)	dənizçi	[dæniz'ʧi]
marinheiro (m)	matros	[mat'ros]
socorrista (m)	xilas edən	[χi'las ɛ'dæn]

bombeiro (m)	yanğınsöndürən	[janɣınsøndy'ræn]
polícia (m)	polis	[po'lis]
guarda-noturno (m)	gözətçi	[gøzæ'ʧi]
detetive (m)	xəfiyyə	[χæfi'æ]

funcionário (m) da alfândega	gömrük işçisi	[gøm'ryk iʧʧi'si]
guarda-costas (m)	şəxsi mühafizəçi	[ʃæχ'si myhafizæ'ʧi]
guarda (m) prisional	nəzarətçi	[næzaræ'ʧi]
inspetor (m)	inspektor	[in'spɛktor]

esportista (m)	idmançı	[idman'ʧı]
treinador (m)	məşqçi	[mæʃg'ʧi]
açougueiro (m)	qəssab	[gæs'sap]
sapateiro (m)	çəkməçi	[ʧækmæ'ʧi]
comerciante (m)	ticarətçi	[tidʒ'aræ'ʧi]

carregador (m)	malyükləyən	[malʲyklæ'jæn]
estilista (m)	modelçi	[modɛl'ʧi]
modelo (f)	model	[mo'dɛl]

112. Ocupações. Estatuto social

| estudante (~ de escola) | məktəbli | [mæktæb'li] |
| estudante (~ universitária) | tələbə | [tælæ'bæ] |

filósofo (m)	fəlsəfəçi	[fælsæfæ'ʧi]
economista (m)	iqdisadçı	[igtisad'ʧɪ]
inventor (m)	ixtiraçı	[iχtira'ʧɪ]

desempregado (m)	işsiz	[iʃ'siz]
aposentado (m)	təqaüdçü	[tægayd'ʧu]
espião (m)	casus	[dʒʲa'sus]

preso, prisioneiro (m)	dustaq	[dus'tah]
grevista (m)	tətilçi	[tætil'ʧi]
burocrata (m)	bürokrat	[byrok'rat]
viajante (m)	səyahətçi	[sæjahæ'ʧi]

| homossexual (m) | homoseksualist | [homosɛksua'list] |
| hacker (m) | xaker | ['χakɛr] |

bandido (m)	quldur	[gul'dur]
assassino (m)	muzdlu qatil	[muzd'lʲu 'gatil]
drogado (m)	narkoman	[narko'man]
traficante (m)	narkotik alverçisi	[narko'tik alvɛrʧi'si]
prostituta (f)	fahişə	[fahi'ʃæ]
cafetão (m)	qadın alverçisi	[ga'dɪn alvɛrʧi'si]

bruxo (m)	caduger	[dʒʲadu'gær]
bruxa (f)	caduger qadın	[dʒʲadu'gær ga'dɪn]
pirata (m)	dəniz qulduru	[dæ'niz guldu'ru]
escravo (m)	kölə	[kø'læ]
samurai (m)	samuray	[samu'raj]
selvagem (m)	vəhşi adam	[væh'ʃi a'dam]

Desportos

113. Tipos de desportos. Desportistas

esportista (m)	idmançı	[idman'tʃı]
tipo (m) de esporte	idman növü	[id'man nø'vy]
basquete (m)	basketbol	[baskɛt'bol]
jogador (m) de basquete	basketbolçu	[baskɛtbol'tʃu]
beisebol (m)	beysbol	[bɛjs'bol]
jogador (m) de beisebol	beysbolçu	[bɛjsbol'tʃu]
futebol (m)	futbol	[fut'bol]
jogador (m) de futebol	futbolçu	[futbol'tʃu]
goleiro (m)	qapıçı	[gapı'tʃı]
hóquei (m)	xokkey	[χok'kɛj]
jogador (m) de hóquei	xokkeyçi	[χokkɛj'tʃi]
vôlei (m)	voleybol	[volɛj'bol]
jogador (m) de vôlei	voleybolçu	[volɛjbol'tʃu]
boxe (m)	boks	['boks]
boxeador (m)	boksçu	[boks'tʃu]
luta (f)	güləş	[gy'læʃ]
lutador (m)	güləşçi	[gylæʃ'tʃi]
caratê (m)	karate	[kara'tɛ]
carateca (m)	karateçi	[karatɛ'tʃi]
judô (m)	dzyudo	[dʑy'do]
judoca (m)	dzyudoçu	[dʑydo'tʃu]
tênis (m)	tennis	['tɛnnis]
tenista (m)	tennisçi	[tɛnnis'tʃi]
natação (f)	üzmə	[yz'mæ]
nadador (m)	üzgüçü	[yzgy'tʃu]
esgrima (f)	qılınc oynatma	[gı'lındʒʲ ojnat'ma]
esgrimista (m)	qılınc oynadan	[gı'lındʒʲ ojna'dan]
xadrez (m)	şaxmat	['ʃaχmat]
jogador (m) de xadrez	şaxmatçı	['ʃaχmatʃı]
alpinismo (m)	alpinizm	[alpi'nizm]
alpinista (m)	alpinist	[alpi'nist]
corrida (f)	qaçış	[ga'tʃıʃ]

corredor (m)	qaçıcı	[gatʃı'dʒʲı]
atletismo (m)	yüngül atletika	[jyn'gyl at'lɛtika]
atleta (m)	atlet	[at'lɛt]

| hipismo (m) | atçılıq idmanı | [atʃı'lıh idma'nı] |
| cavaleiro (m) | at sürən | ['at sy'ræn] |

patinação (f) artística	fiqurlu konki sürmə	[figur'lʲu kon'ki syr'mæ]
patinador (m)	fiqurist	[figu'rist]
patinadora (f)	fiqurist qadın	[figu'rist ga'dın]

halterofilismo (m)	ağır atletika	[a'ɣır at'lɛtika]
corrida (f) de carros	avtomobil yarışları	[avtomo'bil jarıʃla'rı]
piloto (m)	avtomobil yarışçısı	[avtomo'bil jarıʃtʃı'sı]

| ciclismo (m) | velosiped idmanı | [vɛlosi'pɛd idma'nı] |
| ciclista (m) | velosiped sürən | [vɛlosi'pɛd sy'ræn] |

salto (m) em distância	uzunluğa tullanma	[uzunlʲu'ɣa tullan'ma]
salto (m) com vara	çubuqla yüksəyə tullanma	[tʃu'bugla juksæ'jæ tullan'ma]
atleta (m) de saltos	tullanma üzrə idmanşı	[tullan'ma juz'ræ idman'tʃı]

114. Tipos de desportos. Diversos

futebol (m) americano	Amerika futbolu	[a'mɛrika futbo'lʲu]
badminton (m)	badminton	[badmin'ton]
biatlo (m)	biatlon	[biat'lon]
bilhar (m)	bilyard	[bi'ljard]

bobsled (m)	bobsley	[bobs'lɛj]
musculação (f)	bodibildinq	[bodi'bildinh]
polo (m) aquático	su polosu	['su 'polosu]
handebol (m)	həndbol	[hænd'bol]
golfe (m)	qolf	['golf]

remo (m)	avar çəkmə	[a'var tʃæk'mæ]
mergulho (m)	dayvinq	['dajvinh]
corrida (f) de esqui	xizək yarışması	[ɣi'zæk jarıʃma'sı]
tênis (m) de mesa	stolüstü tennis	[stolys'ty 'tɛnnis]

vela (f)	yelkənli qayıq idmanı	[ɛlkæn'li ga'jıh idma'nı]
rali (m)	ralli	['ralli]
rúgbi (m)	reqbi	['rɛgbi]
snowboard (m)	snoubord	['snoubord]
arco-e-flecha (m)	kamandan oxatma	[kaman'dan oɣat'ma]

115. Ginásio

barra (f)	ştanq	['ʃtanh]
halteres (m pl)	hantel	[han'tɛl]
aparelho (m) de musculação	trenajor	[trɛna'ʒor]
bicicleta (f) ergométrica	velotrenajor	[vɛlotrɛna'ʒor]

esteira (f) de corrida	qaçış zolağı	[ga'tʃɪʃ zola'ɣɪ]
barra (f) fixa	köndələn tir	[køndæ'læn 'tir]
barras (f pl) paralelas	paralel tirlər	[para'lɛl tir'lær]
cavalo (m)	at	['at]
tapete (m) de ginástica	həsir	[hæ'sir]

| aeróbica (f) | aerobika | [aɛ'robika] |
| ioga, yoga (f) | yoqa | ['joga] |

116. Desportos. Diversos

Jogos (m pl) Olímpicos	Olimpiya oyunları	[o'limpija ojunla'rı]
vencedor (m)	qalib	[ga'lip]
vencer (vi)	qalib gəlmək	[ga'lip gæl'mæk]
vencer (vi, vt)	udmaq	[ud'mah]

| líder (m) | lider | ['lidɛr] |
| liderar (vt) | irəlidə getmək | [iræli'dæ gɛt'mæk] |

primeiro lugar (m)	birinci yer	[birin'dʒʲi 'ɛr]
segundo lugar (m)	ikinci yer	[ikin'dʒʲi 'ɛr]
terceiro lugar (m)	üçüncü yer	[ytʃun'dʒʲu 'ɛr]

medalha (f)	medal	[mɛ'dal]
troféu (m)	trofey	[tro'fɛj]
taça (f)	kubok	['kubok]
prêmio (m)	mükafat	[myka'fat]
prêmio (m) principal	baş mükafat	['baʃ myka'fat]

| recorde (m) | rekord | [rɛ'kord] |
| estabelecer um recorde | rekord qazanmaq | [rɛ'kord gazan'mah] |

| final (m) | final | [fi'nal] |
| final (adj) | final | [fi'nal] |

| campeão (m) | çempion | [tʃɛmpi'on] |
| campeonato (m) | çempionat | [tʃɛmpio'nat] |

estádio (m)	stadion	[stadi'on]
arquibancadas (f pl)	tribuna	[tri'buna]
fã, torcedor (m)	azarkeş	[azar'kɛʃ]
adversário (m)	rəqib	[ræ'gip]

| partida (f) | start | ['start] |
| linha (f) de chegada | finiş | ['finiʃ] |

| derrota (f) | məğlubiyyət | [mæɣlʲubi'æt] |
| perder (vt) | məğlubiyyətə uğramaq | [mæɣlʲubiæ'tæ uɣra'mah] |

árbitro, juiz (m)	hakim	[ha'kim]
júri (m)	jüri	[ʒy'ri]
resultado (m)	hesab	[hɛ'sap]
empate (m)	heç-heçə oyun	['hɛtʃ hɛ'tʃæ o'jun]
empatar (vi)	heç-heçə oynamaq	['hɛtʃ hɛ'tʃæ ojna'mah]

ponto (m)	xal	['χal]
resultado (m) final	netice	[næti'dʒ¦æ]

intervalo (m)	fasile	[fasi'læ]
doping (m)	dopinq	['dopinh]
penalizar (vt)	cerime etmek	[dʒ¦æri'mæ ɛt'mæk]
desqualificar (vt)	iştirakdan mehrum etmek	[iʃtirak'dan mæh'rum ɛt'mæk]

aparelho, aparato (m)	alet	[a'læt]
dardo (m)	nize	[ni'zæ]
peso (m)	qumbara	[gumba'ra]
bola (f)	şar	['ʃar]

alvo, objetivo (m)	hedef	[hæ'dæf]
alvo (~ de papel)	nişan	[ni'ʃan]
disparar, atirar (vi)	ateş açmaq	[a'tæʃ atʃ'mah]
preciso (tiro ~)	serrast	[sær'rast]

treinador (m)	meşqçi	[mæʃg'tʃi]
treinar (vt)	meşq keçmek	['mæʃh kɛtʃ'mæk]
treinar-se (vr)	meşq etmek	['mæʃh ɛt'mæk]
treino (m)	meşq	['mæʃh]

academia (f) de ginástica	idman zalı	[id'man za'lı]
exercício (m)	meşğele	[mæʃɣæ'læ]
aquecimento (m)	isinme hereketleri	[isin'mæ hærækætlæ'ri]

Educação

117. Escola

escola (f)	mәktәb	[mæk'tæp]
diretor (m) de escola	mәktәb direktoru	[mæk'tæp di'rɛktoru]
aluno (m)	şagird	[ʃa'gird]
aluna (f)	şagird qız	[ʃa'gird 'gız]
estudante (m)	mәktәbli	[mæktæb'li]
estudante (f)	mәktәbli qız	[mæktæb'li 'gız]
ensinar (vt)	öyrәtmәk	[øjræt'mæk]
aprender (vt)	öyrәnmәk	[øjræn'mæk]
decorar (vt)	әzbәr öyrәnmәk	[æz'bær øjræn'mæk]
estudar (vi)	öyrәnmәk	[øjræn'mæk]
estar na escola	oxumaq	[oχu'mah]
ir à escola	mәktәbә getmәk	[mæktæ'bæ gɛt'mæk]
alfabeto (m)	әlifba	[ælif'ba]
disciplina (f)	fәnn	['fænn]
sala (f) de aula	sinif	[si'nif]
lição, aula (f)	dәrs	['dærs]
recreio (m)	tәnәffüs	[tænæf'fys]
toque (m)	zәng	['zænh]
classe (f)	parta	['parta]
quadro (m) negro	yazı taxtası	[ja'zı taχta'sı]
nota (f)	qiymәt	[gij'mæt]
boa nota (f)	yaxşı qiymәt	[jaχ'ʃı gij'mæt]
nota (f) baixa	pis qiymәt	['pis gij'mæt]
dar uma nota	qiymәt yazmaq	[gij'mæt jaz'mah]
erro (m)	sәhv	['sæhv]
errar (vi)	sәhv etmәk	['sæhv ɛt'mæk]
corrigir (~ um erro)	düzәltmәk	[dyzælt'mæk]
cola (f)	şparqalka	[ʃpar'galka]
dever (m) de casa	ev tapşırığı	['ɛv tapʃırı'ɣı]
exercício (m)	mәşğәlә	[mæʃɣæ'læ]
estar presente	iştirak etmәk	[iʃti'rak ɛt'mæk]
estar ausente	iştirak etmәmәk	[iʃti'rak 'ɛtmæmæk]
punir (vt)	cәzalandırmaq	[dʒ ̩æzalandır'mah]
punição (f)	cәza	[dʒ ̩æ'za]
comportamento (m)	әxlaq	[æχ'lah]

boletim (m) escolar	gündəlik	[gyndæ'lik]
lápis (m)	karandaş	[karan'daʃ]
borracha (f)	pozan	[po'zan]
giz (m)	təbaşir	[tæba'ʃir]
porta-lápis (m)	qələmdan	[gælæm'dan]

mala, pasta, mochila (f)	portfel	[port'fɛl]
caneta (f)	qələm	[gæ'læm]
caderno (m)	dəftər	[dæf'tær]
livro (m) didático	dərslik	[dærs'lik]
compasso (m)	pərgar	[pær'giar]

traçar (vt)	cızmaq	[dʒiz'mah]
desenho (m) técnico	cizgi	[dʒiz'gi]

poesia (f)	şer	['ʃɛr]
de cor	əzbərdən	[æzbær'dæn]
decorar (vt)	əzbər öyrənmək	[æz'bær øjræn'mæk]

férias (f pl)	tətil	[tæ'til]
estar de férias	tətilə çıxmaq	[tæti'læ tʃix'mah]

teste (m), prova (f)	yoxlama işi	[joχla'ma i'ʃi]
redação (f)	inşa	[in'ʃa]
ditado (m)	imla	[im'la]

exame (m), prova (f)	imtahan	[imta'han]
fazer prova	imtahan vermək	[imta'han vɛr'mæk]
experiência (~ química)	təcrübə	[tædʒry'bæ]

118. Colégio. Universidade

academia (f)	akademiya	[aka'dɛmija]
universidade (f)	universitet	[univɛrsi'tɛt]
faculdade (f)	fakültə	[fakul'tæ]

estudante (m)	tələbə	[tælæ'bæ]
estudante (f)	tələbə qız	[tælæ'bæ 'gız]
professor (m)	müəllim	[myæl'lim]

auditório (m)	auditoriya	[audi'torija]
graduado (m)	məzun	[mæ'zun]

diploma (m)	diplom	[dip'lom]
tese (f)	dissertasiya	[dissɛr'tasija]

estudo (obra)	tədqiqat	[tædgi'gat]
laboratório (m)	laboratoriya	[labora'torija]

palestra (f)	leksiya	['lɛksija]
colega (m) de curso	kurs yoldaşı	['kurs jolda'ʃı]

bolsa (f) de estudos	təqaüd	[tæga'jud]
grau (m) acadêmico	elmi dərəcə	[ɛl'mi dæræ'dʒiæ]

119. Ciências. Disciplinas

matemática (f)	riyaziyyat	[rɪazɪˈat]
álgebra (f)	cəbr	[ˈdʒⁱæbr]
geometria (f)	həndəsə	[hænˈdæˈsæ]
astronomia (f)	astronomiya	[astroˈnomija]
biologia (f)	biologiya	[bioˈlogija]
geografia (f)	coğrafiya	[dʒⁱoˈɣrafija]
geologia (f)	qeoloqiya	[gɛoˈlogija]
história (f)	tarix	[taˈriχ]
medicina (f)	təbabət	[tæbaˈbæt]
pedagogia (f)	pedaqoqika	[pɛdaˈgogika]
direito (m)	hüquq	[hyˈguh]
física (f)	fizika	[ˈfizika]
química (f)	kimya	[ˈkimja]
filosofia (f)	fəlsəfə	[fælsæˈfæ]
psicologia (f)	psixoloqiya	[psiχoˈlogija]

120. Sistema de escrita. Ortografia

gramática (f)	qrammatika	[gramˈmatika]
vocabulário (m)	leksika	[ˈlɛksika]
fonética (f)	fonetika	[foˈnɛtika]
substantivo (m)	isim	[ˈisim]
adjetivo (m)	sifət	[siˈfæt]
verbo (m)	fel	[ˈfɛl]
advérbio (m)	zərf	[ˈzærf]
pronome (m)	əvəzlik	[ævæzˈlik]
interjeição (f)	nida	[niˈda]
preposição (f)	önlük	[ønˈlyk]
raiz (f)	sözün kökü	[søˈzyn køˈky]
terminação (f)	sonluq	[sonˈlⁱuh]
prefixo (m)	önşəkilçi	[ønʃækilˈtʃi]
sílaba (f)	heca	[hɛˈdʒⁱa]
sufixo (m)	şəkilçi	[ʃækilˈtʃi]
acento (m)	vurğu	[vurˈɣu]
apóstrofo (f)	apostrof	[apostˈrof]
ponto (m)	nöqtə	[nøgˈtæ]
vírgula (f)	verqül	[vɛrˈgyl]
ponto e vírgula (m)	nöqtəli verqül	[nøgtæˈli vɛrˈgyl]
dois pontos (m pl)	iki nöqtə	[iˈki nøgˈtæ]
reticências (f pl)	nöqtələr	[nøgtæˈlær]
ponto (m) de interrogação	sual işarəsi	[suˈal iʃaræˈsi]
ponto (m) de exclamação	nida işarəsi	[niˈda iʃaræˈsi]

aspas (f pl)	dırnaq	[dır'nah]
entre aspas	dırnaq arası	[dır'nah ara'sı]
parênteses (m pl)	mötərizə	[møtæri'zæ]
entre parênteses	mötərizədə	[møtærizæ'dæ]

hífen (m)	defis	[dɛ'fis]
travessão (m)	tire	[ti'rɛ]
espaço (m)	ara	[a'ra]

letra (f)	hərf	['hærf]
letra (f) maiúscula	böyük hərf	[bø'juk 'hærf]

vogal (f)	sait səs	[sa'it 'sæs]
consoante (f)	samit səs	[sa'mit 'sæs]

frase (f)	cümlə	[ʤym'læ]
sujeito (m)	mübtəda	[myptæ'da]
predicado (m)	xəbər	[χæ'bær]

linha (f)	sətir	[sæ'tir]
em uma nova linha	yeni sətirdən	[ɛ'ni sætir'dæn]
parágrafo (m)	abzas	['abzas]

palavra (f)	söz	['søz]
grupo (m) de palavras	söz birləşməsi	[søz birlæʃmæ'si]
expressão (f)	ifadə	[ifa'dæ]
sinônimo (m)	sinonim	[si'nonim]
antônimo (m)	antonim	[an'tonim]

regra (f)	qayda	[gaj'da]
exceção (f)	istisna	[istis'na]
correto (adj)	düzgün	[dyz'gyn]

conjugação (f)	təsrif	[tæs'rif]
declinação (f)	hallanma	[hallan'ma]
caso (m)	hal	['hal]
pergunta (f)	sual	[su'al]
sublinhar (vt)	altındanxətt çəkmək	[altın'dan 'χætt ʧæk'mæk]
linha (f) pontilhada	punktir	[punk'tir]

121. Línguas estrangeiras

língua (f)	dil	['dil]
língua (f) estrangeira	xarici dil	[χari'ʤi dil]
estudar (vt)	öyrənmək	[øjræn'mæk]
aprender (vt)	öyrənmək	[øjræn'mæk]

ler (vt)	oxumaq	[oχu'mah]
falar (vi)	danışmaq	[danıʃ'mah]
entender (vt)	başa düşmək	[ba'ʃa dyʃ'mæk]
escrever (vt)	yazmaq	[jaz'mah]

rapidamente	cəld	['ʤ'æld]
devagar, lentamente	yavaş	[ja'vaʃ]

fluentemente	sərbəst	[sær'bæst]
regras (f pl)	qaydalar	[gajda'lar]
gramática (f)	qrammatika	[gram'matika]
vocabulário (m)	leksika	['lɛksika]
fonética (f)	fonetika	[fo'nɛtika]

livro (m) didático	dərslik	[dærs'lik]
dicionário (m)	lüğət	[ly'ɣæt]
manual (m) autodidático	rəhbər	[ræh'bær]
guia (m) de conversação	danışıq kitabı	[danı'ʃih kita'bı]

fita (f) cassete	kasset	[kas'sɛt]
videoteipe (m)	video kasset	['vidɛo kas'sɛt]
CD (m)	SD diski	[si'di dis'ki]
DVD (m)	DVD	[divi'di]

alfabeto (m)	əlifba	[ælif'ba]
soletrar (vt)	hərf-hərf danışmaq	['hærf 'hærf danıʃ'mah]
pronúncia (f)	tələffüz	[tælæf'fyz]

sotaque (m)	aksent	[ak'sɛnt]
com sotaque	aksentlə danışmaq	[ak'sɛntlæ danıʃ'mah]
sem sotaque	aksentsiz danışmaq	[aksɛn'tsiz danıʃ'mah]

| palavra (f) | söz | ['søz] |
| sentido (m) | məna | [mæ'na] |

curso (m)	kurslar	[kurs'lar]
inscrever-se (vr)	yazılmaq	[jazıl'mah]
professor (m)	müəllim	[myæl'lim]

tradução (processo)	tərcümə	[tærdʒy'mæ]
tradução (texto)	tərcümə	[tærdʒy'mæ]
tradutor (m)	tərcüməçi	[tærdʒymæ'tʃi]
intérprete (m)	tərcüməçi	[tærdʒymæ'tʃi]

| poliglota (m) | poliqlot | [polig'lot] |
| memória (f) | yaddaş | [jad'daʃ] |

122. Personagens de contos de fadas

| Papai Noel (m) | Santa Klaus | ['santa 'klaus] |
| sereia (f) | su pərisi | ['su pæri'si] |

bruxo, feiticeiro (m)	sehrbaz	[sɛhr'baz]
fada (f)	sehrbaz qadın	[sɛhr'baz ga'dın]
mágico (adj)	sehrli	[sɛhr'li]
varinha (f) mágica	sehrli çubuq	[sɛhr'li tʃu'buh]

conto (m) de fadas	nağıl	[na'ɣıl]
milagre (m)	möcüzə	[mødʒy'zæ]
anão (m)	qnom	['gnom]
transformar-se em ...	... dönmək	[... døn'mæk]
fantasma (m)	kabus	[ka'bus]

fantasma (m)	qarabasma	[garabas'ma]
monstro (m)	div	['div]
dragão (m)	əjdaha	[æʒda'ha]
gigante (m)	nəhənk	[næ'hænk]

123. Signos do Zodíaco

Áries (f)	Qoç	['got͡ʃ]
Touro (m)	Buğa	[bu'ɣa]
Gêmeos (m pl)	Əkizlər	[ækiz'lær]
Câncer (m)	Xərçənk	[xær't͡ʃænk]
Leão (m)	Şir	['ʃir]
Virgem (f)	Qız	['gɪz]

Libra (f)	Tərəzi	[tæræ'zi]
Escorpião (m)	Əqrəb	[æg'ræp]
Sagitário (m)	Oxatan	[oχa'tan]
Capricórnio (m)	Oğlağ	[o'ɣlaɣ]
Aquário (m)	Dolça	[dol'tʃa]
Peixes (pl)	Balıqlar	[balɪg'lar]

caráter (m)	xasiyyət	[χasi'æt]
traços (m pl) do caráter	xasiyyətin cizgiləri	[χasiæ'tin dʒ⁣izgilæ'ri]
comportamento (m)	əxlaq	[æχ'lah]
prever a sorte	fala baxmaq	[fa'la baχ'mah]
adivinha (f)	falçı	[fal'tʃɪ]
horóscopo (m)	ulduz falı	[ul'duz fa'lɪ]

Artes

124. Teatro

teatro (m)	teatr	[tɛ'atr]
ópera (f)	opera	['opɛra]
opereta (f)	operetta	[opɛ'rɛtta]
balé (m)	balet	[ba'lɛt]
cartaz (m)	afişa	[a'fiʃa]
companhia (f) de teatro	truppa	['truppa]
turnê (f)	qastrol səfəri	[gast'rol sæfæ'ri]
estar em turnê	qastrol səfərinə çıxmaq	[gast'rol sæfæri'næ tʃɪx'mah]
ensaiar (vt)	məşq etmək	['mæʃh ɛt'mæk]
ensaio (m)	məşq	['mæʃh]
repertório (m)	repertuar	[rɛpɛrtu'ar]
apresentação (f)	oyun	[o'jun]
espetáculo (m)	teatr tamaşası	[tɛ'atr tamaʃa'sı]
peça (f)	pyes	['pjɛs]
entrada (m)	bilet	[bi'lɛt]
bilheteira (f)	bilet kassası	[bi'lɛt 'kassası]
hall (m)	xoll	['xoll]
vestiário (m)	qarderob	[gardɛ'rop]
senha (f) numerada	nömrə	[nøm'ræ]
binóculo (m)	binokl	[bi'nokl]
lanterninha (m)	nəzarətçi	[næzaræ'tʃi]
plateia (f)	parter	[par'tɛr]
balcão (m)	balkon	[bal'kon]
primeiro balcão (m)	beletaj	[bɛlæ'taʒ]
camarote (m)	loja	['loʒa]
fila (f)	sıra	[sı'ra]
assento (m)	yer	['ɛr]
público (m)	tamaşaçılar	[tamaʃatʃı'lar]
espectador (m)	tamaşaçı	[tamaʃa'tʃı]
aplaudir (vt)	əl çalmaq	['æl tʃal'mah]
aplauso (m)	alqışlar	[algıʃ'lar]
ovação (f)	sürəkli alqışlar	[syrɛk'li algıʃ'lar]
palco (m)	səhnə	[sæh'næ]
cortina (f)	pərdə	[pær'dæ]
cenário (m)	dekorasiya	[dɛko'rasija]
bastidores (m pl)	səhnə arxası	[sæh'næ arxa'sı]
cena (f)	səhnə	[sæh'næ]
ato (m)	akt	['akt]
intervalo (m)	antrakt	[ant'rakt]

125. Cinema

ator (m)	aktyor	[ak'tior]
atriz (f)	aktrisa	[akt'risa]
cinema (m)	kino	[ki'no]
filme (m)	kino	[ki'no]
episódio (m)	seriya	['sɛrija]
filme (m) policial	detektiv	[dɛtɛk'tiv]
filme (m) de ação	savaş filmi	[sa'vaʃ fil'mi]
filme (m) de aventuras	macəra filmi	[madʒ'æ'ra fil'mi]
filme (m) de ficção científica	fantastik film	[fantas'tik 'film]
filme (m) de horror	vahimə filmi	[vahi'mæ fil'mi]
comédia (f)	kino komediyası	[ki'no ko'mɛdijası]
melodrama (m)	melodram	[mɛlod'ram]
drama (m)	dram	['dram]
filme (m) de ficção	bədii film	[bædi'i 'film]
documentário (m)	sənədli film	[sænæd'li 'film]
desenho (m) animado	cizgi filmi	[dʒ'iz'gi fil'mi]
cinema (m) mudo	səssiz film	[sæs'siz 'film]
papel (m)	rol	['rol]
papel (m) principal	baş rol	['baʃ 'rol]
representar (vt)	oynamaq	[ojna'mah]
estrela (f) de cinema	kino ulduzu	[ki'no uldu'zu]
conhecido (adj)	məşhur	[mæʃ'hur]
famoso (adj)	məşhur	[mæʃ'hur]
popular (adj)	populyar	[popu'lʲar]
roteiro (m)	ssenari	[ssɛ'nari]
roteirista (m)	ssenarist	[ssɛna'rist]
diretor (m) de cinema	rejissor	[rɛʒis'sor]
produtor (m)	prodüser	[pro'dysɛr]
assistente (m)	köməkçi	[kømæk'ʧi]
diretor (m) de fotografia	operator	[opɛ'rator]
dublê (m)	kaskadyor	[kaskad'jor]
filmar (vt)	film çəkmək	['film ʧæk'mæk]
audição (f)	sınaqlar	[sınag'lar]
filmagem (f)	çəkiliş	[ʧæki'liʃ]
equipe (f) de filmagem	çəkiliş qrupu	[ʧæki'liʃ gru'pu]
set (m) de filmagem	çəkiliş meydançası	[ʧæki'liʃ mɛjdanʧa'sı]
câmera (f)	kino kamerası	[ki'no 'kamɛrası]
cinema (m)	kinoteatr	[kinotɛ'atr]
tela (f)	ekran	[ɛk'ran]
exibir um filme	film göstərmək	['film gøstær'mæk]
trilha (f) sonora	səs zolağı	['sæs zola'ɣı]
efeitos (m pl) especiais	xüsusi effektlər	[xysu'si ɛffɛkt'lær]
legendas (f pl)	subtitrlər	[sub'titrlær]

| crédito (m) | titrlər | ['titrlær] |
| tradução (f) | tərcümə | [tærdʒy'mæ] |

126. Pintura

arte (f)	incəsənet	[indʒ¦æsæ'næt]
belas-artes (f pl)	incə sənətlər	[in'dʒ¦æ sænæt'lær]
galeria (f) de arte	qalereya	[galɛ'rɛja]
exibição (f) de arte	rəsm sərgisi	['ræsm særgi'si]

pintura (f)	rəssamlıq	[ræssam'lıh]
arte (f) gráfica	qrafika	['grafika]
arte (f) abstrata	abstraksionizm	[abstraksio'nizm]
impressionismo (m)	impressionizm	[imprɛssio'nizm]

pintura (f), quadro (m)	rəsm	['ræsm]
desenho (m)	şəkil	[ʃæ'kil]
cartaz, pôster (m)	plakat	[pla'kat]

ilustração (f)	şəkil	[ʃæ'kil]
miniatura (f)	miniatür	[minia'tyr]
cópia (f)	surət	[su'ræt]
reprodução (f)	reproduksiya	[rɛpro'duksija]

mosaico (m)	mozaika	[mo'zaika]
vitral (m)	vitraj	[vit'raʒ]
afresco (m)	freska	['frɛska]
gravura (f)	qravüra	[gra'vyra]

busto (m)	büst	['byst]
escultura (f)	heykəl	[hɛj'kæl]
estátua (f)	heykəl	[hɛj'kæl]
gesso (m)	qips	['gips]
em gesso (adj)	qipsdən	[gips'dæn]

retrato (m)	portret	[port'rɛt]
autorretrato (m)	avtoportret	[avtoport'rɛt]
paisagem (f)	mənzərə	[mænzæ'ræ]
natureza (f) morta	natürmort	[natyr'mort]
caricatura (f)	karikatura	[karika'tura]
esboço (m)	eskiz	[ɛs'kiz]

tinta (f)	boya	[bo'ja]
aquarela (f)	akvarel	[akva'rɛl]
tinta (f) a óleo	yağ	['jaɣ]
lápis (m)	karandaş	[karan'daʃ]
tinta (f) nanquim	tuş	['tuʃ]
carvão (m)	kömür	[kø'myr]

| desenhar (vt) | çəkmək | [ʧæk'mæk] |
| pintar (vt) | çəkmək | [ʧæk'mæk] |

| posar (vi) | poza almaq | ['poza al'mah] |
| modelo (m) | canlı model | [dʒan'lı mo'dɛl] |

modelo (f)	canlı model olan qadın	[dʒʲan'lı mo'dɛl o'lan ga'dın]
pintor (m)	ressam	[ræs'sam]
obra (f)	eser	[æ'sær]
obra-prima (f)	şah eser	['ʃah æ'sær]
estúdio (m)	emalatxana	[ɛmalatχa'na]

tela (f)	qalın ketan	[ga'lın kæ'tan]
cavalete (m)	molbert	[mol'bɛrt]
paleta (f)	palitra	[pa'litra]

moldura (f)	çerçive	[tʃærtʃi'væ]
restauração (f)	berpa etme	[bær'pa ɛt'mæ]
restaurar (vt)	berpa etmek	[bær'pa ɛt'mæk]

127. Literatura & Poesia

literatura (f)	edebiyyat	[ædæbi'at]
autor (m)	müellif	[myæl'lif]
pseudônimo (m)	texellüs	[tæχæl'lys]

livro (m)	kitab	[ki'tap]
volume (m)	cild	['dʒʲild]
índice (m)	mündericat	[myndɛri'dʒʲæt]
página (f)	sehife	[sæhi'fæ]
protagonista (m)	baş qehreman	['baʃ gæhræ'man]
autógrafo (m)	avtoqraf	[av'tograf]

conto (m)	hekaye	[hɛka'jæ]
novela (f)	povest	['povɛst]
romance (m)	roman	[ro'man]
obra (f)	eser	[æ'sær]
fábula (m)	temsil	[tæm'sil]
romance (m) policial	detektiv	[dɛtɛk'tiv]

verso (m)	şer	['ʃɛr]
poesia (f)	poeziya	[po'ɛzija]
poema (m)	poema	[po'ɛma]
poeta (m)	şair	[ʃa'ir]

ficção (f)	belletristika	[bɛllɛt'ristika]
ficção (f) científica	elmi fantastika	[ɛl'mi fan'tastika]
aventuras (f pl)	maceralar	[madʒʲæra'lar]
literatura (f) didática	ders edebiyyatı	['dærs ædæbia'tı]
literatura (f) infantil	uşaq edebiyyatı	[u'ʃah ædæbia'tı]

128. Circo

circo (m)	sirk	['sirk]
circo (m) ambulante	seyyar sirk	[sæ'jar 'sirk]
programa (m)	proqram	[prog'ram]
apresentação (f)	tamaşa	[tama'ʃa]
número (m)	nömre	[nøm'ræ]

picadeiro (f)	səhnə	[sæh'næ]
pantomima (f)	pantomima	[panto'mima]
palhaço (m)	təlxək	[tæl'χæk]

acrobata (m)	canbaz	[dʒʲan'baz]
acrobacia (f)	canbazlıq	[dʒʲanbaz'lıh]
ginasta (m)	gimnast	[gim'nast]
ginástica (f)	gimnastika	[gim'nastika]
salto (m) mortal	salto	['salto]

homem (m) forte	atlet	[at'lɛt]
domador (m)	heyvan təlimçisi	[hɛj'van tælimtʃi'si]
cavaleiro (m) equilibrista	at sürən	['at sy'ræn]
assistente (m)	kömakçi	[kømæk'tʃi]

truque (m)	kəndirbaz hoqqası	[kændir'baz hokka'sı]
truque (m) de mágica	fokus	['fokus]
ilusionista (m)	fokus göstərən	['fokus gøstæ'ræn]

malabarista (m)	jonqlyor	[ʒong'lʲor]
fazer malabarismos	jonqlyorluq etmək	[ʒonglʲor'lʲuh ɛt'mæk]
adestrador (m)	heyvan təlimçisi	[hɛj'van tælimtʃi'si]
adestramento (m)	heyvan təlimi	[hɛj'van tæli'mi]
adestrar (vt)	heyvanı təlim etmək	[hɛjva'nı tæ'lim æt'mæk]

129. Música. Música popular

música (f)	musiqi	[musi'gi]
músico (m)	musiqiçi	[musigi'tʃi]
instrumento (m) musical	musiqi aləti	[musi'gi alæ'ti]
tocar ...	... çalmaq	[... tʃal'mah]

guitarra (f)	qitara	[gita'ra]
violino (m)	skripka	[sk'ripka]
violoncelo (m)	violonçel	[violon'tʃɛl]
contrabaixo (m)	kontrabas	[kontra'bas]
harpa (f)	arfa	['arfa]

piano (m)	piano	[pi'ano]
piano (m) de cauda	royal	[ro'jal]
órgão (m)	orqan	[or'gan]

instrumentos (m pl) de sopro	nəfəs alətləri	[næ'fæs alætlæ'ri]
oboé (m)	qoboy	[go'boj]
saxofone (m)	saksofon	[sakso'fon]
clarinete (m)	klarnet	[klar'nɛt]
flauta (f)	fleyta	['flɛjta]
trompete (m)	truba	[tru'ba]

| acordeão (m) | akkordeon | [akkordɛ'on] |
| tambor (m) | təbil | [tæ'bil] |

| dueto (m) | duet | [du'ɛt] |
| trio (m) | trio | ['trio] |

quarteto (m)	**kvartet**	[kvar'tɛt]
coro (m)	**xor**	['χor]
orquestra (f)	**orkestr**	[or'kɛstr]
música (f) pop	**pop musiqisi**	['pop musigi'si]
música (f) rock	**rok musiqisi**	['rok musigi'si]
grupo (m) de rock	**rok qrupu**	['rok gru'pu]
jazz (m)	**caz**	['dʒⁱaz]
ídolo (m)	**büt**	['byt]
fã, admirador (m)	**pərəstişkar**	[pæræstiʃ'kⁱar]
concerto (m)	**konsert**	[kon'sɛrt]
sinfonia (f)	**simfoniya**	[sim'fonija]
composição (f)	**əsər**	[æ'sær]
compor (vt)	**yaratmaq**	[jarat'mah]
canto (m)	**oxuma**	[oχu'ma]
canção (f)	**mahnı**	[mah'nı]
melodia (f)	**melodiya**	[mɛ'lodija]
ritmo (m)	**ritm**	['ritm]
blues (m)	**blüz**	['blyz]
notas (f pl)	**notlar**	[not'lar]
batuta (f)	**çubuq**	[ʧu'buh]
arco (m)	**kaman**	[ka'man]
corda (f)	**sim**	['sim]
estojo (m)	**qab**	['gap]

Descanso. Entretenimento. Viagens

130. Viagens

turismo (m)	turizm	[tu'rizm]
turista (m)	turist	[tu'rist]
viagem (f)	səyahət	[sæja'hæt]
aventura (f)	macəra	[madʒ'æ'ra]
percurso (curta viagem)	səfər	[sæ'fær]
férias (f pl)	məzuniyyət	[mæzuni'æt]
estar de férias	məzuniyyətdə olmaq	[mæzuniæt'dæ ol'mah]
descanso (m)	istirahət	[istira'hæt]
trem (m)	qatar	[ga'tar]
de trem (chegar ~)	qatarla	[ga'tarla]
avião (m)	təyyarə	[tæja'ræ]
de avião	təyyarə ilə	[tæja'ræ i'læ]
de carro	maşınla	[ma'ʃınla]
de navio	gəmidə	[gæmi'dæ]
bagagem (f)	baqaj	[ba'gaʒ]
mala (f)	çamadan	[ʧama'dan]
carrinho (m)	baqaj üçün araba	[ba'gaʒ ju'ʧun ara'ba]
passaporte (m)	pasport	['pasport]
visto (m)	viza	['viza]
passagem (f)	bilet	[bi'lɛt]
passagem (f) aérea	təyyarə bileti	[tæja'ræ bilɛ'ti]
guia (m) de viagem	soraq kitabçası	[so'rah kitabʧa'sı]
mapa (m)	xəritə	[xæri'tæ]
área (f)	yer	['ɛr]
lugar (m)	yer	['ɛr]
exotismo (m)	ekzotika	[ɛk'zotika]
exótico (adj)	ekzotik	[ɛkzo'tik]
surpreendente (adj)	təəccüb doğuran	[taæ'dʒyp doɣu'ran]
grupo (m)	qrup	['grup]
excursão (f)	ekskursiya	[ɛks'kursija]
guia (m)	ekskursiya rəhbəri	[ɛks'kursija ræhbæ'ri]

131. Hotel

hotel (m)	mehmanxana	[mɛhmanχa'na]
motel (m)	motel	[mo'tɛl]
três estrelas	3 ulduzlu	['juʧ ulduz'lʲu]

cinco estrelas	5 ulduzlu	['bɛʃ ulduz'lʲu]
ficar (vi, vr)	qalmaq	[gal'mah]
quarto (m)	nömrə	[nøm'ræ]
quarto (m) individual	bir nəfərlik nömrə	['bir næfær'lik nøm'ræ]
quarto (m) duplo	iki nəfərlik nömrə	[i'ki næfær'lik nøm'ræ]
reservar um quarto	nömrə təxsis etmək	[nøm'ræ tæχ'sis ɛt'mæk]
meia pensão (f)	yarım pansion	[ja'rım pansi'on]
pensão (f) completa	tam pansion	['tam pansi'on]
com banheira	vannası olan nömrə	[vanna'sı o'lan nøm'ræ]
com chuveiro	duşu olan nömrə	[du'ʃu o'lan nøm'ræ]
televisão (m) por satélite	peyk televiziyası	['pɛjk tɛlɛ'vizijası]
ar (m) condicionado	kondisioner	[kondisio'nɛr]
toalha (f)	dəsmal	[dæs'mal]
chave (f)	açar	[a'ʧar]
administrador (m)	müdir	[my'dir]
camareira (f)	otaq qulluqçusu	[o'tah gullʲugʧu'su]
bagageiro (m)	yükdaşıyan	[jykdaʃı'jan]
porteiro (m)	qapıçı	[gapı'ʧı]
restaurante (m)	restoran	[rɛsto'ran]
bar (m)	bar	['bar]
café (m) da manhã	səhər yeməyi	[sæ'hær ɛmɛ'jı]
jantar (mı	axşam yeməyi	[aχ'ʃam ɛmɛ'jı]
bufê (m)	İsveç masası	[is'vɛʧ masa'sı]
saguão (m)	vestibül	[vɛsti'byl]
elevador (m)	lift	['lift]
NÃO PERTURBE	NARAHAT ETMƏYİN!	[nara'hat 'ɛtmæjın]
PROIBIDO FUMAR!	SİQARET ÇƏKMƏYİN!	[siga'rɛt 'ʧækmæjın]

132. Livros. Leitura

livro (m)	kitab	[ki'tap]
autor (m)	müəllif	[myæl'lif]
escritor (m)	yazıçı	[jazı'ʧı]
escrever (~ um livro)	yazmaq	[jaz'mah]
leitor (m)	oxucu	[oχu'dʒʲu]
ler (vt)	oxumaq	[oχu'mah]
leitura (f)	oxuma	[oχu'ma]
para si	ürəyində	[yræjın'dæ]
em voz alta	ucadan	[udʒʲa'dan]
publicar (vt)	nəşr etmək	['næʃr ɛt'mæk]
publicação (f)	nəşr	['næʃr]
editor (m)	naşir	[na'ʃir]
editora (f)	nəşriyyət	[næʃri'æt]
sair (vi)	çıxmaq	[ʧıχ'mah]

lançamento (m)	kitabın çıxması	[kita'bın ʧıxma'sı]
tiragem (f)	tiraj	[ti'raʒ]
livraria (f)	kitab mağazası	[ki'tap ma'ɣazası]
biblioteca (f)	kitabxana	[kitapχa'na]
novela (f)	povest	['povɛst]
conto (m)	hekayə	[hɛka'jæ]
romance (m)	roman	[ro'man]
romance (m) policial	detektiv	[dɛtɛk'tiv]
memórias (f pl)	xatirələr	[χatiræ'lær]
lenda (f)	əfsanə	[æfsa'næ]
mito (m)	əsatir	[æsa'tir]
poesia (f)	şer	['ʃer]
autobiografia (f)	tərcümeyi-hal	[tærdʒy'mɛi 'hal]
obras (f pl) escolhidas	seçilmiş əsərlər	[sɛʧil'miʃ æsær'lær]
ficção (f) científica	elmi fantastika	[ɛl'mi fan'tastika]
título (m)	ad	['ad]
introdução (f)	giriş	[gi'riʃ]
folha (f) de rosto	titul vərəqi	['titul væræ'gi]
capítulo (m)	fəsil	[fæ'sil]
excerto (m)	parça	[par'ʧa]
episódio (m)	epizod	[ɛpi'zod]
enredo (m)	süjet	[sy'ʒɛt]
conteúdo (m)	mündəricat	[myndɛri'dʒʲæt]
índice (m)	mündəricat	[myndɛri'dʒʲæt]
protagonista (m)	baş qəhrəman	['baʃ gæhræ'man]
volume (m)	cild	['dʒʲild]
capa (f)	üz	['yz]
encadernação (f)	cild	['dʒʲild]
marcador (m) de página	əlfəcin	[ælfæ'dʒʲin]
página (f)	səhifə	[sæhi'fæ]
folhear (vt)	vərəqləmək	[væræglæ'mæk]
margem (f)	kənarlar	[kænar'lar]
anotação (f)	nişan	[ni'ʃan]
nota (f) de rodapé	qeyd	['gɛjd]
texto (m)	mətn	['mætn]
fonte (f)	şrift	['ʃrift]
falha (f) de impressão	səhv	['sæhv]
tradução (f)	tərcümə	[tærdʒy'mæ]
traduzir (vt)	tərcümə etmək	[tærdʒy'mæ ɛt'mæk]
original (m)	əsil	[æ'sil]
famoso (adj)	məşhur	[mæʃ'hur]
desconhecido (adj)	naməlum	[namæ'lʲum]
interessante (adj)	maraqlı	[marag'lı]
best-seller (m)	bestseller	[bɛs'ʦɛllɛr]

dicionário (m)	lüğet	[ly'ɣæt]
livro (m) didático	ders kitabı	['dærs kita'bɪ]
enciclopédia (f)	ensiklopediya	[ɛnsiklo'pɛdija]

133. Caça. Pesca

caça (f)	ov	['ov]
caçar (vi)	ova çıxmaq	[o'va tʃɪχ'mah]
caçador (m)	ovçu	[ov'tʃu]

disparar, atirar (vi)	ateş açmaq	[a'tæʃ atʃ'mah]
rifle (m)	tüfeng	[ty'fænh]
cartucho (m)	patron	[pat'ron]
chumbo (m) de caça	qırma	[gɪr'ma]

armadilha (f)	tele	[tæ'læ]
armadilha (com corda)	tele	[tæ'læ]
pôr a armadilha	tele qurmaq	[tæ'læ gur'mah]
caçador (m) furtivo	brakonyer	[brako'njɛr]
caça (animais)	ov quşları ve heyvanları	['ov guʃla'rɪ 'væ hɛjvanla'rɪ]
cão (m) de caça	ov iti	['ov i'ti]
safári (m)	safari	[sa'fari]
animal (m) empalhado	müqevva	[mygæv'va]

pescador (m)	balıqçı	[balɪg'tʃɪ]
pesca (f)	balıq ovu	[ba'lɪh o'vu]
pescar (vt)	balıq tutmaq	[ba'lɪh tut'mah]
vara (f) de pesca	tilov	[ti'lov]
linha (f) de pesca	tilov ipi	[ti'lov i'pi]
anzol (m)	qarmaq	[gar'mah]
boia (f), flutuador (m)	qaravul	[gara'vul]
isca (f)	tele yemi	[tæ'læ ɛ'mi]

lançar a linha	tilov atmaq	[ti'lov at'mah]
morder (peixe)	tilova gelmek	[tilo'va gæl'mæk]
pesca (f)	ovlanmış balıq	[ovlan'mɪʃ ba'lɪh]
buraco (m) no gelo	buzda açılmış deşik	[buz'da atʃɪl'mɪʃ dɛ'ʃik]

rede (f)	tor	['tor]
barco (m)	qayıq	[ga'jɪh]
pescar com rede	torla balıq tutmaq	['torla ba'lɪh tut'mak]
lançar a rede	toru suya atmaq	[to'ru su'ja at'mah]
puxar a rede	toru çıxarmaq	[to'ru tʃɪχar'mah]

baleeiro (m)	balina ovçusu	[ba'lina ovtʃu'su]
baleeira (f)	balina ovlayan gemi	[ba'lina ovla'jan gæ'mi]
arpão (m)	iri qarmaq	[i'ri gar'mah]

134. Jogos. Bilhar

| bilhar (m) | bilyard | [bi'ljard] |
| sala (f) de bilhar | bilyard salonu | [bi'ljard salo'nu] |

bola (f) de bilhar	bilyard şarı	[bi'ljard ʃa'rɪ]
embolsar uma bola	şarı luzaya salmaq	[ʃa'rɪ 'lʲuzaja sal'mah]
taco (m)	kiy	['kij]
caçapa (f)	luza	['lʲuza]

135. Jogos. Jogar cartas

ouros (m pl)	kərpicxallı kart	[kærpidʒʲxal'lɪ 'kart]
espadas (f pl)	qaratoxmaq	[garatoχ'mah]
copas (f pl)	qırmızı toxmaq	[gɪrmɪ'zɪ toχ'mah]
paus (m pl)	xaç xallı	['χatʃ χal'lɪ]

ás (m)	tuz	['tuz]
rei (m)	kral	['kral]
dama (f), rainha (f)	xanım	[χa'nɪm]
valete (m)	valet	[va'lɛt]

carta (f) de jogar	kart	['kart]
cartas (f pl)	kart	['kart]
trunfo (m)	kozır	['kozɪr]
baralho (m)	bir dəst kart	['bir 'dæst 'kart]

dar, distribuir (vt)	kart paylamaq	['kart pajla'mah]
embaralhar (vt)	kart qarışdırmaq	['kart garɪʃdɪr'mah]
vez, jogada (f)	oyun	[o'jun]
trapaceiro (m)	kart fırıldaqçısı	['kart fɪrɪldagtʃɪ'sɪ]

136. Descanso. Jogos. Diversos

passear (vi)	gəzmək	[gæz'mæk]
passeio (m)	gəzinti	[gæzin'ti]
viagem (f) de carro	gəzinti	[gæzin'ti]
aventura (f)	macəra	[madʒʲæ'ra]
piquenique (m)	piknik	[pik'nik]

jogo (m)	oyun	[o'jun]
jogador (m)	oyunçu	[ojun'tʃu]
partida (f)	hissə	[his'sæ]

colecionador (m)	kolleksiyaçı	[kol'lɛksijatʃɪ]
colecionar (vt)	kolleksiya toplamaq	[kol'lɛksija toplamah]
coleção (f)	kolleksiya	[kol'lɛksija]

palavras (f pl) cruzadas	krossvord	[kross'vord]
hipódromo (m)	cıdır meydanı	[dʒʲɪ'dɪr mɛjda'nɪ]
discoteca (f)	diskoteka	[disko'tɛka]

| sauna (f) | sauna | ['sauna] |
| loteria (f) | lotereya | [lotɛ'rɛja] |

| campismo (m) | yürüş | [jy'ryʃ] |
| acampamento (m) | düşərgə | [dyʃær'gæ] |

barraca (f)	çadır	[ʧa'dır]
bússola (f)	kompas	['kompas]
campista (m)	turist	[tu'rist]

ver (vt), assistir à ...	baxmaq	[baχ'mah]
telespectador (m)	televiziya tamaşaçısı	[tɛlɛ'vizija tamaʃaʧı'sı]
programa (m) de TV	televiziya verilişi	[tɛlɛ'vizija vɛrili'ʃi]

137. Fotografia

| máquina (f) fotográfica | fotoaparat | [fotoapa'rat] |
| foto, fotografia (f) | fotoqrafiya | [foto'grafija] |

fotógrafo (m)	fotoqrafçı	[fotograf'ʧı]
estúdio (m) fotográfico	fotostudiya	[foto'studija]
álbum (m) de fotografias	fotoalbom	[fotoal'bom]

lente (f) fotográfica	obyektiv	[objɛk'tiv]
lente (f) teleobjetiva	teleobyektiv	[tɛlɛobjɛk'tiv]
filtro (m)	filtr	['filtr]
lente (f)	linza	['linza]
ótica (f)	optika	['optika]
abertura (f)	diafraqma	[diaf'ragma]
exposição (f)	obyektivin açıq qalma müddəti	[objɛkti'vin a'ʧıh gal'ma myddæ'ti]
visor (m)	vizir	[vi'zir]

câmera (f) digital	rəqəm kamerası	[ræ'gæm 'kamɛrası]
tripé (m)	üçayaq	[ytʃa'jah]
flash (m)	işartı	[iʃar'tı]
fotografar (vt)	fotoşəkil çəkmək	[fotoʃæ'kil ʧæk'mæk]
tirar fotos	foto çəkmək	['foto ʧæk'mæk]
fotografar-se (vr)	fotoşəkil çəkdirmək	[fotoʃæ'kil ʧækdir'mæk]

foco (m)	aydınlıq	[ajdın'lıh]
focar (vt)	aydınlığa yönəltmək	[ajdınlı'ɣa jonælt'mæk]
nítido (adj)	aydın	[aj'dın]
nitidez (f)	aydınlıq	[ajdın'lıh]

| contraste (m) | təzad | [tæ'zad] |
| contrastante (adj) | təzadlı | [tæzad'lı] |

retrato (m)	fotoşəkil	[fotoʃæ'kil]
negativo (m)	neqativ	[nɛga'tiv]
filme (m)	fotolent	[foto'lɛnt]
fotograma (m)	kadr	['kadr]
imprimir (vt)	şəkil çıxartmaq	[ʃæ'kil ʧıχart'mah]

138. Praia. Natação

| praia (f) | plyaj | ['plʲaʒ] |
| areia (f) | qum | ['gum] |

deserto (adj)	adamsız	[adam'sız]
bronzeado (m)	gündən qaralma	[gyn'dæn garal'ma]
bronzear-se (vr)	qaralmaq	[garal'mah]
bronzeado (adj)	gündən qaralmış	[gyn'dæn garal'mıʃ]
protetor (m) solar	qaralma kremi	[garal'ma krɛ'mi]
biquíni (m)	bikini	[bi'kini]
maiô (m)	çimmə paltarı	[tʃim'mæ palta'rı]
calção (m) de banho	üzgüçü tumanı	[yzgy'tʃu tuma'nı]
piscina (f)	hovuz	[ho'vuz]
nadar (vi)	üzmək	[yz'mæk]
chuveiro (m), ducha (f)	duş	['duʃ]
mudar, trocar (vt)	əynini dəyişmək	[æjni'ni dæiʃ'mæk]
toalha (f)	dəsmal	[dæs'mal]
barco (m)	qayıq	[ga'jıh]
lancha (f)	kater	['katɛr]
esqui (m) aquático	su xizəyi	['su χizæ'jı]
barco (m) de pedais	su velosipedi	['su vɛlosipɛ'di]
surf, surfe (m)	serfinq	['sɛrfinh]
surfista (m)	serfinq idmançısı	['sɛrfinh idmantʃı'sı]
equipamento (m) de mergulho	akvalanq	[akva'lanh]
pé (m pl) de pato	lastlar	[last'lar]
máscara (f)	maska	[mas'ka]
mergulhador (m)	dalğıc	[dal'ɣıdʒi]
mergulhar (vi)	dalmaq	[dal'mah]
debaixo d'água	suyun altında	[su'jun altın'da]
guarda-sol (m)	çətir	[tʃæ'tir]
espreguiçadeira (f)	şezlonq	[ʃɛz'lonh]
óculos (m pl) de sol	eynək	[ɛj'næk]
colchão (m) de ar	üzmək üçün döşək	[yz'mæk ju'tʃun dø'ʃæk]
brincar (vi)	oynamaq	[ojna'mah]
ir nadar	çimmək	[tʃim'mæk]
bola (f) de praia	top	['top]
encher (vt)	doldurmak	[doldur'mag]
inflável (adj)	hava ilə doldurulan	[ha'va i'læ dolduru'lan]
onda (f)	dalğa	[dal'ɣa]
boia (f)	siqnal üzgəci	[sig'nal juzgæ'dʒi]
afogar-se (vr)	boğulub batmaq	[boɣu'lʲup bat'mah]
salvar (vt)	xilas etmək	[χi'las ɛt'mæk]
colete (m) salva-vidas	xilas edici jilet	[χi'las ædi'dʒi ʒi'lɛt]
observar (vt)	müşaidə etmək	[myʃai'dæ ɛt'mæk]
salva-vidas (pessoa)	xilas edən	[χi'las ɛ'dæn]

EQUIPAMENTO TÉCNICO. TRANSPORTES

Equipamento técnico. Transportes

139. Computador

computador (m)	bilgisayar	[bilgisa'jar]
computador (m) portátil	noutbuk	['noutbuk]
ligar (vt)	işe salmaq	[i'ʃæ sal'mah]
desligar (vt)	söndürmek	[søndyr'mæk]
teclado (m)	klaviatura	[klavia'tura]
tecla (f)	dil	['dil]
mouse (m)	bilgisayar siçanı	[bilgisa'jar sitʃa'nı]
tapete (m) para mouse	altlıq	[alt'lıh]
botão (m)	düyme	[dyj'mæ]
cursor (m)	kursor	[kur'sor]
monitor (m)	monitor	[moni'tor]
tela (f)	ekran	[ɛk'ran]
disco (m) rígido	sert disk	['sært 'disk]
capacidade (f) do disco rígido	sert diskin hecmi	['sært dis'kin hædʒ'mi]
memória (f)	yaddaş	[jad'daʃ]
memória RAM (f)	operativ yaddaş	[opɛra'tiv jad'daʃ]
arquivo (m)	fayl	['fajl]
pasta (f)	qovluq	[gov'lʲuh]
abrir (vt)	açmaq	[atʃ'mah]
fechar (vt)	bağlamaq	[baɣla'mah]
salvar (vt)	saxlamaq	[saɣla'mah]
deletar (vt)	silmek	[sil'mæk]
copiar (vt)	kopyalamaq	[kopjala'mah]
ordenar (vt)	çeşidlemek	[tʃɛʃidlæ'mæk]
copiar (vt)	yeniden yazmaq	[ɛni'dæn jaz'mah]
programa (m)	proqram	[prog'ram]
software (m)	proqram teminatı	[prog'ram tæmina'tı]
programador (m)	proqramçı	[program'tʃı]
programar (vt)	proqramlaşdırmaq	[programlaʃdır'mah]
hacker (m)	xaker	['ɣakɛr]
senha (f)	parol	[pa'rol]
vírus (m)	virus	['virus]
detectar (vt)	aşkar etmek	[aʃ'kʲar ɛt'mæk]
byte (m)	bayt	['bajt]

megabyte (m)	meqabayt	[mɛga'bajt]
dados (m pl)	məlumatlar	[mæl'umat'lar]
base (f) de dados	məlumatlar bazası	[mæl'umat'lar 'bazası]

cabo (m)	kabel	['kabɛl]
desconectar (vt)	ayırmaq	[ajır'mah]
conectar (vt)	qoşmaq	[goʃ'mah]

140. Internet. E-mail

internet (f)	internet	[intɛr'nɛt]
browser (m)	brauzer	['brauzɛr]
motor (m) de busca	axtarış mənbeyi	[aχta'rıʃ mænbæ'i]
provedor (m)	provayder	[provaj'dɛr]

webmaster (m)	veb ustası	['vɛp usta'sı]
website (m)	veb-sayt	['vɛp 'sajt]
web page (f)	veb-səhifə	['vɛp sæi'fæ]

| endereço (m) | ünvan | [yn'van] |
| livro (m) de endereços | ünvan kitabı | [yn'van kita'bı] |

| caixa (f) de correio | poçt qutusu | ['potʃt gutu'su] |
| correio (m) | poçt | ['potʃt] |

mensagem (f)	ismarıc	[isma'rıdʒ]
remetente (m)	göndərən	[gøndæ'ræn]
enviar (vt)	göndərmək	[gøndær'mæk]
envio (m)	göndərilmə	[gøndæril'mæ]

| destinatário (m) | alan | [a'lan] |
| receber (vt) | almaq | [al'mah] |

| correspondência (f) | məktublaşma | [mæktublaʃ'ma] |
| corresponder-se (vr) | məktublaşmaq | [mæktublaʃ'mah] |

arquivo (m)	fayl	['fajl]
fazer download, baixar (vt)	kopyalamaq	[kopjala'mah]
criar (vt)	yaratmaq	[jarat'mah]
deletar (vt)	silmək	[sil'mæk]
deletado (adj)	silinmiş	[silin'miʃ]

conexão (f)	bağlantı	[baɣlan'tı]
velocidade (f)	surət	[su'ræt]
modem (m)	modem	[mo'dɛm]

| acesso (m) | yol | ['jol] |
| porta (f) | giriş | [gi'riʃ] |

| conexão (f) | qoşulma | [goʃul'ma] |
| conectar (vi) | qoşulmaq | [goʃul'mah] |

| escolher (vt) | seçmək | [sɛtʃ'mæk] |
| buscar (vt) | axtarmaq | [aχtar'mah] |

Transportes

141. Avião

avião (m)	təyyarə	[tæja'ræ]
passagem (f) aérea	təyyarə bileti	[tæja'ræ bilɛ'ti]
companhia (f) aérea	hava yolu şirkəti	[ha'va jo'lʲu ʃirkæ'ti]
aeroporto (m)	hava limanı	[ha'va lima'nı]
supersônico (adj)	səsdən sürətli	[sæs'dæn syræt'li]

comandante (m) do avião	hava gəmisinin komandiri	[ha'va gæmisi'nin komandi'ri]
tripulação (f)	heyyət	[hɛ'jæt]
piloto (m)	pilot	[pi'lot]
aeromoça (f)	stüardessa	[styar'dɛssa]
copiloto (m)	şturman	['ʃturman]

asas (f pl)	qanadlar	[ganad'lar]
cauda (f)	arxa	[ar'χa]
cabine (f)	kabina	[ka'bina]
motor (m)	mühərrik	[myhær'rik]
trem (m) de pouso ﹅	şassi	[ʃas'si]
turbina (f)	turbina	[tur'bina]

hélice (f)	propeller	[pro'pɛllɛr]
caixa-preta (f)	qara qutu	[ga'ra gu'tu]
coluna (f) de controle	sükan çarxı	[sy'kʲan ʧar'χı]
combustível (m)	yanacaq	[jana'ʤʲah]

instruções (f pl) de segurança	təlimat	[tæli'mat]
máscara (f) de oxigênio	oksigen maskası	[oksi'gɛn maska'sı]
uniforme (m)	rəsmi paltar	[ræs'mi pal'tar]

| colete (m) salva-vidas | xilas edici jilet | [χi'las ædi'ʤʲi ʒi'lɛt] |
| paraquedas (m) | paraşüt | [para'ʃyt] |

decolagem (f)	havaya qalxma	[hava'ja galχ'ma]
descolar (vi)	havaya qalxmaq	[hava'ja galχ'mah]
pista (f) de decolagem	qalxma-enmə zolağı	[galχ'ma ɛn'mæ zola'ɣı]

| visibilidade (f) | görünmə dərəcəsi | [gøryn'mæ dærædʒʲæ'si] |
| voo (m) | uçuş | [u'ʧuʃ] |

| altura (f) | hündürlük | [hyndyr'lyk] |
| poço (m) de ar | hava boşluğu | [ha'va boʃlʲu'ɣu] |

assento (m)	yer	['ɛr]
fone (m) de ouvido	qulaqlıqlar	[gulaglıg'lar]
mesa (f) retrátil	qatlanan masa	[gatla'nan ma'sa]
janela (f)	illüminator	[illymi'nator]
corredor (m)	keçid	[kɛ'ʧid]

142. Comboio

trem (m)	qatar	[ga'tar]
trem (m) elétrico	elektrik qatarı	[ɛlɛkt'rik gata'rı]
trem (m)	sürət qatarı	[sy'ræt gata'rı]
locomotiva (f) diesel	teplovoz	[tɛplo'voz]
locomotiva (f) a vapor	parovoz	[paro'voz]
vagão (f) de passageiros	vaqon	[va'gon]
vagão-restaurante (m)	vaqon-restoran	[va'gon rɛsto'ran]
carris (m pl)	relslər	[rɛls'lær]
estrada (f) de ferro	dəmiryolu	[dæmirjo'ʎu]
travessa (f)	şpal	['ʃpal]
plataforma (f)	platforma	[plat'forma]
linha (f)	yol	['jol]
semáforo (m)	semafor	[sɛma'for]
estação (f)	stansiya	['stansija]
maquinista (m)	maşınsürən	[maʃınsy'ræn]
bagageiro (m)	yükdaşıyan	[jykdaʃı'jan]
hospedeiro, -a (m, f)	beledçi	[bælæd'ʧi]
passageiro (m)	sərnişin	[særni'ʃin]
revisor (m)	nəzarətçi	[næzaræ'ʧi]
corredor (m)	dəhliz	[dæh'liz]
freio (m) de emergência	stop-kran	['stop 'kran]
compartimento (m)	kupe	[ku'pɛ]
cama (f)	yataq yeri	[ja'tah ɛ'ri]
cama (f) de cima	yuxarı yer	[juχa'rı 'ɛr]
cama (f) de baixo	aşağı yer	[aʃa'ɣı 'ɛr]
roupa (f) de cama	yataq dəyişeyi	[ja'tah dæiʃæ'jı]
passagem (f)	bilet	[bi'lɛt]
horário (m)	cədvəl	[ʤʲæd'væl]
painel (m) de informação	lövhə	[løv'hæ]
partir (vt)	yola düşmək	[jo'la dyʃ'mæk]
partida (f)	yola düşmə	[jo'la dyʃ'mæ]
chegar (vi)	gəlmək	[gæl'mæk]
chegada (f)	gəlmə	[gæl'mæ]
chegar de trem	qatarla gəlmək	[ga'tarla gæl'mæk]
pegar o trem	qatara minmək	[gata'ra min'mæk]
descer de trem	qatardan düşmək	[gatar'dan dyʃ'mæk]
acidente (m) ferroviário	qeza	[gæ'za]
locomotiva (f) a vapor	parovoz	[paro'voz]
foguista (m)	ocaqçı	[oʤʲag'ʧı]
fornalha (f)	odluq	[od'ʎuh]
carvão (m)	kömür	[kø'myr]

143. Barco

| navio (m) | gəmi | [gæ'mi] |
| embarcação (f) | gəmi | [gæ'mi] |

barco (m) a vapor	paroxod	[paro'χod]
barco (m) fluvial	teploxod	[tɛplo'χod]
transatlântico (m)	layner	['lajnɛr]
cruzeiro (m)	kreyser	['krɛjsɛr]

iate (m)	yaxta	['jaχta]
rebocador (m)	yedək	[ɛ'dæk]
barcaça (f)	barja	['barʒa]
ferry (m)	bərə	[bæ'ræ]

| veleiro (m) | yelkənli qayıq | [ɛlkæn'li ga'jıh] |
| bergantim (m) | briqantina | [brigan'tina] |

| quebra-gelo (m) | buzqıran | [buzgı'ran] |
| submarino (m) | sualtı qayıq | [sual'tı ga'jıh] |

bote, barco (m)	qayıq	[ga'jıh]
baleeira (bote salva-vidas)	şlyupka	['ʃlʲupka]
bote (m) salva-vidas	xilasetmə şlyupkası	[χilasɛt'mæ ʃlʲupka'sı]
lancha (f)	kater	['katɛr]

capitão (m)	kapitan	[kapi'tan]
marinheiro (m)	matros	[mat'ros]
marujo (m)	dənizçi	[dæniz'ʧi]
tripulação (f)	heyyət	[hɛ'jæt]

contramestre (m)	bosman	['bosman]
grumete (m)	gəmi şagirdi	[gæ'mi ʃagir'di]
cozinheiro (m) de bordo	gəmi aşpazı	[gæ'mi aʃpa'zı]
médico (m) de bordo	gəmi həkimi	[gæ'mi hæki'mi]

convés (m)	göyərtə	[gøjær'tæ]
mastro (m)	dirək	[di'ræk]
vela (f)	yelkən	[ɛl'kæn]

porão (m)	anbar	[an'bar]
proa (f)	gəminin qabaq tərəfi	[gæmi'nin ga'bah tæræ'fi]
popa (f)	gəminin arxa tərəfi	[gæmi'nin ar'χa tæræ'fi]
remo (m)	avar	[a'var]
hélice (f)	pərvanə	[pærva'næ]

cabine (m)	kayuta	[ka'juta]
sala (f) dos oficiais	kayut-kompaniya	[ka'jut kom'panija]
sala (f) das máquinas	maşın bölməsi	[ma'ʃın bølmæ'si]
ponte (m) de comando	kapitan körpüsü	[kapi'tan kørpy'sy]
sala (f) de comunicações	radio-rubka	['radio 'rupka]
onda (f)	radio dalğası	['radio dalχa'sı]
diário (m) de bordo	gəmi jurnalı	[gæ'mi ʒurna'lı]
luneta (f)	müşahidə borusu	[myʃai'dæ boru'su]
sino (m)	zəng	['zænh]

bandeira (f)	bayraq	[baj'rah]
cabo (m)	kanat	[ka'nat]
nó (m)	dənizçi düyünü	[dæniz'ʧi dyju'ny]

| corrimão (m) | məhəccər | [mæhæ'dʒʲær] |
| prancha (f) de embarque | pilləkən | [pillæ'kæn] |

âncora (f)	lövbər	[løv'bær]
recolher a âncora	lövbəri qaldırmaq	[løvbæ'ri galdır'mah]
jogar a âncora	lövbər salmaq	[løv'bær sal'mah]
amarra (corrente de âncora)	lövbər zənciri	[løv'bær zændʒʲi'ri]

porto (m)	liman	[li'man]
cais, amarradouro (m)	körpü	[kør'py]
atracar (vi)	sahilə yaxınlaşmaq	[sahi'læ jaxınlaʃ'mah]
desatracar (vi)	sahildən ayrılmaq	[sahil'dæn ajrıl'mah]

viagem (f)	səyahət	[sæja'hæt]
cruzeiro (m)	kruiz	[kru'iz]
rumo (m)	istiqamət	[istiga'mæt]
itinerário (m)	marşrut	[marʃrut]

canal (m) de navegação	farvater	[far'vatɛr]
banco (m) de areia	say	['saj]
encalhar (vt)	saya oturmaq	[sa'ja otur'mah]

tempestade (f)	fırtına	[fırtı'na]
sinal (m)	siqnal	[sig'nal]
afundar-se (vr)	batmaq	[bat'mah]
SOS	SOS	['sos]
boia (f) salva-vidas	xilas edici dairə	[xilas ɛdi'dʒʲi dai'ræ]

144. Aeroporto

aeroporto (m)	hava limanı	[ha'va lima'nı]
avião (m)	təyyarə	[tæja'ræ]
companhia (f) aérea	hava yolu şirkəti	[ha'va jo'lʲu ʃirkæ'ti]
controlador (m) de tráfego aéreo	dispetçer	[dis'pɛʧɛr]

partida (f)	uçub getmə	[u'ʧup gɛt'mæ]
chegada (f)	uçub gəlmə	[u'ʧup gæl'mæ]
chegar (vi)	uçub gəlmək	[u'ʧup gæl'mæk]

| hora (f) de partida | yola düşmə vaxtı | [jo'la dyʃ'mæ vaχ'tı] |
| hora (f) de chegada | gəlmə vaxtı | [gæl'mæ vaχ'tı] |

| estar atrasado | gecikmək | [gɛdʒ'ik'mæk] |
| atraso (m) de voo | uçuşun gecikməsi | [uʧu'ʃun gɛdʒʲikmæ'si] |

painel (m) de informação	məlumat lövhəsi	[mælʲu'mat løvhæ'si]
informação (f)	məlumat	[mælʲu'mat]
anunciar (vt)	elan etmək	[ɛ'lan ɛt'mæk]
voo (m)	reys	['rɛjs]

| alfândega (f) | gömrük | [gøm'ryk] |
| funcionário (m) da alfândega | gömrük işçisi | [gøm'ryk iʧi'si] |

declaração (f) alfandegária	bəyannamə	[bæjanna'mæ]
preencher a declaração	bəyannaməni doldurmaq	[bæjannamæ'ni doldur'mah]
controle (m) de passaporte	pasport nəzarəti	['pasport næzaræ'ti]

bagagem (f)	baqaj	[ba'gaʒ]
bagagem (f) de mão	əl yükü	['æl ju'ky]
carrinho (m)	araba	[ara'ba]

pouso (m)	enmə	[ɛn'mæ]
pista (f) de pouso	enmə zolağı	[ɛn'mæ zola'ɣı]
aterrissar (vi)	enmək	[ɛn'mæk]
escada (f) de avião	pilləkən	[pillæ'kæn]

check-in (m)	qeydiyyat	[gɛjdi'at]
balcão (m) do check-in	qeydiyyat yeri	[gɛjdi'at ɛ'ri]
fazer o check-in	qeydiyyatdan keçmək	[gɛjdiat'dan kɛʧ'mæk]
cartão (m) de embarque	minik talonu	[mi'nik talo'nu]
portão (m) de embarque	çıxış	[ʧı'xıʃ]

trânsito (m)	tranzit	[tran'zit]
esperar (vi, vt)	gözləmək	[gøzlæ'mæk]
sala (f) de espera	gözləmə zalı	[gøzlæ'mæ za'lı]
despedir-se (acompanhar)	yola salmaq	[jo'la sal'mah]
despedir-se (dizer adeus)	vidalaşmaq	[vidalaʃ'mah]

145. Bicicleta. Motocicleta

bicicleta (f)	velosiped	[vɛlosi'pɛd]
lambreta (f)	motoroller	[moto'rollɛr]
moto (f)	motosiklet	[motosik'lɛt]

ir de bicicleta	velosipedlə getmək	[vɛlosi'pɛdlæ gɛt'mæk]
guidão (m)	sükan	[sy'kan]
pedal (m)	pedal	[pɛ'dal]
freios (m pl)	tormoz	['tormoz]
banco, selim (m)	oturmaq yeri	[otur'mah ɛ'ri]

bomba (f)	nasos	[na'sos]
bagageiro (m) de teto	baqaj yeri	[ba'gaʒ ɛ'ri]
lanterna (f)	fənər	[fæ'nær]
capacete (m)	dəbilqə	[dæbil'gæ]

roda (f)	təkər	[tæ'kær]
para-choque (m)	qanad	[ga'nad]
aro (m)	çənbər	[ʧæn'bær]
raio (m)	mil	['mil]

Carros

146. Tipos de carros

carro, automóvel (m)	avtomobil	[avtomo'bil]
carro (m) esportivo	idman avtomobili	[id'man avtomobi'li]
limusine (f)	limuzin	[limu'zin]
conversível (m)	kabriolet	[kabrio'lɛt]
minibus (m)	mikroavtobus	[mikroav'tobus]
ambulância (f)	təcili yardım maşını	[tædʒi'li jar'dım maʃi'nı]
limpa-neve (m)	qar təmizləyən maşın	['gar tæmizlæ'jæn ma'ʃın]
caminhão (m)	yük maşını	['juk maʃi'nı]
caminhão-tanque (m)	benzin daşıyan maşın	[bɛn'zin daʃi'jan ma'ʃın]
perua, van (f)	furqon	[fur'gon]
caminhão-trator (m)	yedəkçi	[ɛdæk'tʃi]
reboque (m)	qoşulma araba	[goʃul'ma ara'ba]
confortável (adj)	komfortlu	[komfort'lʲu]
usado (adj)	işlənmiş	[iʃlæn'miʃ]

147. Carros. Carroçaria

capô (m)	kapot	[ka'pot]
para-choque (m)	qanad	[ga'nad]
teto (m)	üst	['yst]
para-brisa (m)	qabaq şüşəsi	[ga'bah ʃyʃæ'si]
retrovisor (m)	arxa görünüş güzgüsü	[ar'χa gøry'nyʃ gyzgy'sy]
esguicho (m)	şüşəyuyanlar	[ʃyʃæyjan'lar]
limpadores (m) de para-brisas	şüşə silgəcləri	[ʃy'ʃæ silgædʒʲlæ'ri]
vidro (m) lateral	yan şüşə	['jan ʃy'ʃæ]
elevador (m) do vidro	şüşə qaldırıcı mexanizm	[ʃy'ʃæ galdırı'dʒʲı mɛχa'nizm]
antena (f)	antenna	[an'tɛnna]
teto (m) solar	lyuk	['lʲuk]
para-choque (m)	bamper	['bampɛr]
porta-malas (f)	baqaj yeri	[ba'gaʒ ɛ'ri]
porta (f)	qapı	[ga'pı]
maçaneta (f)	qapı dəstəyi	[ga'pı dæstæ'jı]
fechadura (f)	qıfıl	[gı'fıl]
placa (f)	nömrə	[nøm'ræ]
silenciador (m)	səsboğan	[sæsbo'ɣan]

| tanque (m) de gasolina | benzin bakı | [bɛn'zin ba'kı] |
| tubo (m) de exaustão | işlənmiş qaz borusu | [iʃlæn'miʃ 'gaz boru'su] |

acelerador (m)	qaz	['gaz]
pedal (m)	pedal	[pɛ'dal]
pedal (m) do acelerador	qaz pedalı	['gaz pɛda'lı]

freio (m)	tormoz	['tormoz]
pedal (m) do freio	tormoz pedalı	['tormoz pɛda'lı]
frear (vt)	tormozlamaq	[tormozla'mah]
freio (m) de mão	dayanacaq tormozu	[dajana'dʒʲah 'tormozu]

embreagem (f)	ilişmə	[iliʃ'mæ]
pedal (m) da embreagem	ilişmə pedalı	[iliʃ'mæ pɛda'lı]
disco (m) de embreagem	ilişmə diski	[iliʃ'mæ dis'ki]
amortecedor (m)	amortizator	[amorti'zator]

roda (f)	təkər	[tæ'kær]
pneu (m) estepe	ehtiyat təkəri	[ɛhti'jat tækæ'ri]
pneu (m)	şin	['ʃin]
calota (f)	qapaq	[ga'pah]

rodas (f pl) motrizes	aparıcı təkərlər	[aparı'dʒʲı tækær'lær]
de tração dianteira	qabaq ötürücü	[ga'bah øtyry'dʒy]
de tração traseira	arxa ötürücü	[ar'�’χa øtyry'dʒy]
de tração às 4 rodas	tam ötürücü	['tam øtyry'dʒy]

caixa (f) de mudanças	ötürücü qutusu	[øtyry'dʒy gutu'su]
automático (adj)	avtomat	[avto'mat]
mecânico (adj)	mexaniki	[mɛχani'ki]
alavanca (f) de câmbio	ötürücü qutusunun qolu	[øtyry'dʒy gutusu'nun go'lʲu]

| farol (m) | fara | ['fara] |
| faróis (m pl) | faralar | ['faralar] |

farol (m) baixo	faranın yaxın işığı	['faranın ja'χın iʃi'ɣı]
farol (m) alto	faranın uzaq işığı	['faranın u'zah iʃi'ɣı]
luzes (f pl) de parada	stop-siqnal	['stop sig'nal]

luzes (f pl) de posição	qabarit işıqları	[gaba'rit iʃigla'rı]
luzes (f pl) de emergência	qəza işıq siqnalı	[gæ'za i'ʃih signa'lı]
faróis (m pl) de neblina	dumana qarşı faralar	[duma'na gar'ʃı 'faralar]
pisca-pisca (m)	dönmə işığı	[døn'mæ iʃi'ɣı]
luz (f) de marcha ré	arxaya hərəkət	[arχa'ja hæræ'kæt]

148. Carros. Habitáculo

interior (do carro)	salon	[sa'lon]
de couro	dəri	[dæ'ri]
de veludo	velyur	[vɛ'lʲur]
estofamento (m)	üz	['yz]

| indicador (m) | cihaz | [dʒi'haz] |
| painel (m) | cizaz lövhəciyi | [dʒi'haz løvhædʒi'jı] |

| velocímetro (m) | spidometr | [spi'domɛtr] |
| ponteiro (m) | ox işarəsi | ['oχ iʃaræ'si] |

hodômetro, odômetro (m)	sayğac	[saj'ɣadʒʲ]
indicador (m)	göstərici	[gøstɛri'dʒʲi]
nível (m)	səviyyə	[sævi'æə]
luz (f) de aviso	lampa	[lam'pa]

volante (m)	sükan	[sy'kan]
buzina (f)	siqnal	[sig'nal]
botão (m)	düymə	[dyj'mæ]
interruptor (m)	sürətləri dəyişən mexanizm	[syrætlæ'ri dæi'ʃæn mɛχa'nizm]

assento (m)	oturacaq	[otura'dʒʲah]
costas (f pl) do assento	söykənəcək	['søjkænæ'dʒʲæk]
cabeceira (f)	başaltı	[baʃal'tı]
cinto (m) de segurança	təhlükəsizlik kəməri	[tæhlykæsiz'lik kæmæ'ri]
apertar o cinto	kəməri bağlamaq	[kæmæ'ri baɣla'mah]
ajuste (m)	sazlama	[sazla'ma]

| airbag (m) | təhlükəsizlik yastığı | [tæhlykæsiz'lik jastı'ɣı] |
| ar (m) condicionado | kondisioner | [kondisio'nɛr] |

rádio (m)	radio	['radio]
leitor (m) de CD	CD səsləndiricisi	[si'di sæslændiridʒʲi'si]
ligar (vt)	qoşmaq	[goʃ'mah]
antena (f)	antenna	[an'tɛnna]
porta-luvas (m)	qutu	[gu'tu]
cinzeiro (m)	külqabı	['kylʲgabı]

149. Carros. Motor

motor (m)	mühərrik	[myhær'rik]
motor (m)	motor	[mo'tor]
a diesel	dizel	['dizɛl]
a gasolina	benzin	[bɛn'zin]

cilindrada (f)	mühərriyin həcmi	[myhærri'jın hædʒʲ'mi]
potência (f)	güc	['gydʒʲ]
cavalo (m) de potência	at gücü	['at gy'dʒy]
pistão (m)	porşen	['porʃɛn]
cilindro (m)	silindr	[si'lindr]
válvula (f)	qapaq	[ga'pah]

injetor (m)	injektor	[in'ʒɛktor]
gerador (m)	generator	[gɛnɛ'rator]
carburador (m)	karbyurator	[karby'rator]
óleo (m) de motor	motor yağı	[mo'tor ja'ɣı]

radiador (m)	radiator	[radi'ator]
líquido (m) de arrefecimento	soyuducu maye	[sojudu'dʒy ma'jɛ]
ventilador (m)	ventilyator	[vɛnti'lʲator]
bateria (f)	akkumulyator	[akkumu'lʲator]

dispositivo (m) de arranque	starter düymesi	['startɛr dyjmæ'si]
ignição (f)	yanma	[jan'ma]
vela (f) de ignição	yanma şamı	[jan'ma ʃa'mı]

terminal (m)	klemma	['klɛmma]
terminal (m) positivo	plyus	['plʲus]
terminal (m) negativo	minus	['minus]
fusível (m)	qoruyucu	[goruy'ʤy]

filtro (m) de ar	hava filtri	[ha'va filt'ri]
filtro (m) de óleo	yağ filtri	['jaɣ filt'ri]
filtro (m) de combustível	yanacaq filtri	[jana'ʤʲah filt'ri]

150. Carros. Batidas. Reparação

acidente (m) de carro	qeza	[gæ'za]
acidente (m) rodoviário	yol qezası	['jol gæza'sı]
bater (~ num muro)	toqquşmaq	[tokkuʃ'mah]
sofrer um acidente	ezilmek	[æzil'mæk]
dano (m)	xarab etme	[ҳa'rap ɛt'mæ]
intato	salamat	[sala'mat]

avariar (vi)	qırılmaq	[gırıl'mah]
cabo (m) de reboque	yedek ipi	[ɛ'dæk i'pi]

furo (m)	deşilme	[dɛʃil'mæ]
estar furado	buraxmaq	[buraҳ'mah]
encher (vt)	doldurmaq	[doldur'mah]
pressão (f)	tezyiq	[tæz'jıh]
verificar (vt)	yoxlamaq	[joҳla'mah]

reparo (m)	temir	[tæ'mir]
oficina (f) automotiva	temir emalatxanası	[tæ'mir ɛmalatҳana'sı]
peça (f) de reposição	ehtiyat hissesi	[ɛhti'jat hissæ'si]
peça (f)	detal	[dɛ'tal]

parafuso (com porca)	bolt	['bolt]
parafuso (m)	vint	['vint]
porca (f)	qayka	[gaj'ka]
arruela (f)	şayba	['ʃajba]
rolamento (m)	podşipnik	[pod'ʃipnik]

tubo (m)	borucuq	[boru'ʤyh]
junta, gaxeta (f)	aralıq qat	[ara'lıh 'gat]
fio, cabo (m)	meftil	[mæf'til]

macaco (m)	domkrat	[domk'rat]
chave (f) de boca	qayka açarı	[gaj'ka atʃa'rı]
martelo (m)	çekic	[ʧæ'kiʤʲ]
bomba (f)	nasos	[na'sos]
chave (f) de fenda	vintaçan	[vinta'ʧan]

extintor (m)	odsöndüren	[odsøndy'ræn]
triângulo (m) de emergência	Qeza üçbucağı nişanı	[gæ'za juʧbuʤʲa'ɣı niʃa'nı]

morrer (motor)	yatmaq	[jat'mah]
paragem, "morte" (f)	dayanma	[dajan'ma]
estar quebrado	qırılmaq	[gırıl'mah]

superaquecer-se (vr)	həddindən artıq qızmaq	[hæddin'dæn ar'tıh gız'mah]
entupir-se (vr)	yolu tutulmaq	[jo'lʲu tutul'mah]
congelar-se (vr)	donmaq	[don'mah]
rebentar (vi)	partlamaq	[partla'mah]

pressão (f)	təzyiq	[tæz'jıh]
nível (m)	səviyyə	[sævi'æ]
frouxo (adj)	zəif	[zæ'if]

batida (f)	batıq	[ba'tıh]
ruído (m)	səs	['sæs]
fissura (f)	çat	['tʃat]
arranhão (m)	cızıq	[dʒʲı'zıh]

151. Carros. Estrada

estrada (f)	yol	['jol]
autoestrada (f)	avtomobil magistralı	[avtomo'bil magistra'lı]
rodovia (f)	şose	[ʃo'sɛ]
direção (f)	istiqamət	[istiga'mæt]
distância (f)	məsafə	[mæsa'fæ]

ponte (f)	körpü	[kør'py]
parque (m) de estacionamento	park yeri	['park ɛ'ri]
praça (f)	meydan	[mɛj'dan]
nó (m) rodoviário	qovşaq	[gov'ʃah]
túnel (m)	tunel	[tu'nɛl]

posto (m) de gasolina	yanacaq doldurma məntəqəsi	[jana'dʒʲah doldur'ma mæntægæ'si]
parque (m) de estacionamento	avtomobil duracağı	[avtomo'bil duradʒʲa'ɣı]
bomba (f) de gasolina	benzin kolonkası	[bɛn'zin kolonka'sı]
oficina (f) automotiva	maşın təmiri	[ma'ʃın tæmi'ri]
abastecer (vt)	yanacaq doldurmaq	[jana'dʒʲah doldur'mah]
combustível (m)	yanacaq	[jana'dʒʲah]
galão (m) de gasolina	kanistr	[ka'nistr]

asfalto (m)	asfalt	[as'falt]
marcação (f) de estradas	nişan vurma	[ni'ʃan vur'ma]
meio-fio (m)	haşiyə	[haʃi'jæ]
guard-rail (m)	hasarlama	[hasarla'ma]
valeta (f)	küvet	[ky'vɛt]
acostamento (m)	yolun qırağı	[jo'lʲun gıra'ɣı]
poste (m) de luz	dirək	[di'ræk]

dirigir (vt)	sürmək	[syr'mæk]
virar (~ para a direita)	döndərmək	[døndær'mæk]
dar retorno	dönmək	[døn'mæk]
ré (f)	arxaya hərəkət	[arχa'ja hæræ'kæt]
buzinar (vi)	siqnal vermək	[sig'nal vɛr'mæk]

buzina (f)	səs siqnalı	['sæs signa'lı]
atolar-se (vr)	ilişib qalmaq	[ili'ʃip gal'mah]
patinar (na lama)	yerində fırlanmaq	[ɛrin'dæ fırlan'mah]
desligar (vt)	söndürmək	[søndyr'mæk]

velocidade (f)	sürət	[sy'ræt]
exceder a velocidade	sürəti aşmaq	[syræ'ti aʃ'mah]
multar (vt)	cərimə etmək	[dʒ'æri'mæ ɛt'mæk]
semáforo (m)	svetofor	[svɛto'for]
carteira (f) de motorista	sürücülük vəsiqəsi	[syrydʒy'lyk væsigæ'si]

passagem (f) de nível	keçid	[kɛ'tʃid]
cruzamento (m)	dörd yol ağzı	[dørd 'jol a'ɣzı]
faixa (f)	piyadalar üçün keçid	[pijada'lar ju'tʃun kɛ'tʃid]
curva (f)	dönmə yeri	[døn'mæ ɛ'ri]
zona (f) de pedestres	piyadalar zonası	[pijada'lar 'zonası]

PESSOAS. EVENTOS

Eventos

152. Férias. Evento

festa (f)	bayram	[baj'ram]
feriado (m) nacional	milli bayram	[mil'li baj'ram]
feriado (m)	bayram günü	[bəj'ram gy'ny]
festejar (vt)	bayram etmək	[baj'ram ɛt'mæk]
evento (festa, etc.)	hadisə	[hadi'sæ]
evento (banquete, etc.)	tədbir	[tæd'bir]
banquete (m)	banket	[ban'kɛt]
recepção (f)	ziyafət	[zija'fæt]
festim (m)	böyük qonaqlıq	[bø'juk gonag'lıh]
aniversário (m)	ildönümü	[ildøny'my]
jubileu (m)	yubiley	[ybi'lɛj]
celebrar (vt)	qeyd etmək	['gɛjd æt'mæk]
Ano (m) Novo	Yeni il	[ɛ'ni 'il]
Feliz Ano Novo!	Yeni iliniz mübarək!	[ɛ'ni ili'niz myba'ræk]
Natal (m)	Milad	[mi'lad]
Feliz Natal!	Milad bayramınız şən keçsin!	[mi'lad bajramı'nız 'ʃæn kɛtʃ'sin]
árvore (f) de Natal	Yeni il yolkası	[ɛ'ni 'il jolka'sı]
fogos (m pl) de artifício	salam atəşi	[sa'lam atæ'ʃi]
casamento (m)	toy	['toj]
noivo (m)	bəy	['bæj]
noiva (f)	nişanlı	[niʃan'lı]
convidar (vt)	dəvət etmək	[dæ'væt ɛt'mæk]
convite (m)	dəvətnamə	[dævætna'mæ]
convidado (m)	qonaq	[go'nah]
visitar (vt)	qonaq getmək	[go'nah gɛt'mæk]
receber os convidados	qonaq qarşılamaq	[go'nah garʃıla'mah]
presente (m)	hədiyyə	[hædi'æ]
oferecer, dar (vt)	hədiyyə vermək	[hædi'æ vɛr'mæk]
receber presentes	hədiyyə almaq	[hædi'æ al'mah]
buquê (m) de flores	gül dəstəsi	['gylʲ dæstæ'si]
felicitações (f pl)	təbrik	[tæb'rik]
felicitar (vt)	təbrik etmək	[tæb'rik ɛt'mæk]
cartão (m) de parabéns	təbrik açıqçası	[tæb'rik atʃıgtʃa'sı]

| enviar um cartão postal | açıqça göndərmək | [atʃɪg'tʃa gøndær'mæk] |
| receber um cartão postal | açıqça almaq | [atʃɪg'tʃa al'mah] |

brinde (m)	tost	['tost]
oferecer (vt)	qonaq etmək	[go'nah ɛt'mæk]
champanhe (m)	şampan şərabı	[ʃam'pan ʃæra'bɪ]

divertir-se (vr)	şənlənmək	[ʃænlæn'mæk]
diversão (f)	şənlik	[ʃæn'lik]
alegria (f)	sevinc	[sɛ'vindʒ]

| dança (f) | rəqs | ['rægs] |
| dançar (vi) | rəqs etmək | ['rægs ɛt'mæk] |

| valsa (f) | vals | ['vals] |
| tango (m) | tanqo | ['tango] |

153. Funerais. Enterro

cemitério (m)	qəbristanlıq	[gæbristan'lɪh]
sepultura (f), túmulo (m)	qəbir	[gæ'bir]
lápide (f)	qəbir daşı	[gæ'bir da'ʃɪ]
cerca (f)	hasar	[ha'sar]
capela (f)	kiçik kilsə	[ki'tʃik kil'sæ]

morte (f)	ölüm	[ø'lym]
morrer (vi)	ölmək	[øl'mæk]
defunto (m)	ölü	[ø'ly]
luto (m)	matəm	[ma'tæm]

enterrar, sepultar (vt)	dəfn etmək	['dæfn ɛt'mæk]
funerária (f)	dəfn etmə bürosu	['dæfn ɛt'mæ byro'su]
funeral (m)	dəfn etmə mərasimi	['dæfn ɛt'mæ mærasi'mi]

coroa (f) de flores	əklil	[æk'lil]
caixão (m)	tabut	[ta'but]
carro (m) funerário	cənazə arabası	[dʒʲæna'zæ araba'sɪ]
mortalha (f)	kəfən	[kæ'fæn]

| urna (f) funerária | urna | ['urna] |
| crematório (m) | meyit yandırılan bina | [mɛ'it jandɪrɪ'lan bi'na] |

obituário (m), necrologia (f)	nekroloq	[nɛkro'loh]
chorar (vi)	ağlamaq	[aɣla'mah]
soluçar (vi)	hönkür-hönkür ağlamaq	[hø'nkyr hø'nkyr aɣla'mah]

154. Guerra. Soldados

pelotão (m)	vzvod	['vzvod]
companhia (f)	rota	['rota]
regimento (m)	alay	[a'laj]
exército (m)	ordu	[or'du]

divisão (f)	diviziya	[di'vizija]
esquadrão (m)	dəstə	[dæs'tæ]
hoste (f)	qoşun	[go'ʃun]

| soldado (m) | əsgər | [æs'gær] |
| oficial (m) | zabit | [za'bit] |

soldado (m) raso	sıravi	[sıra'vi]
sargento (m)	çavuş	[ʧa'vuʃ]
tenente (m)	leytenant	[lɛjtɛ'nant]
capitão (m)	kapitan	[kapi'tan]
major (m)	mayor	[ma'jor]
coronel (m)	polkovnik	[pol'kovnik]
general (m)	general	[gɛnɛ'ral]

marujo (m)	dənizçi	[dæniz'ʧi]
capitão (m)	kapitan	[kapi'tan]
contramestre (m)	bosman	['bosman]

artilheiro (m)	topçu	[top'ʧu]
soldado (m) paraquedista	desantçı	[dɛsan'ʧı]
piloto (m)	təyyarəçi	[tæjaræ'ʧi]
navegador (m)	şturman	['ʃturman]
mecânico (m)	mexanik	[mɛ'xanik]

sapador-mineiro (m)	istehkamçı	[istɛhkam'ʧı]
paraquedista (m)	paraşütçü	[paraʃy'ʧy]
explorador (m)	kəşfiyyatçı	[kæʃfia'ʧı]
atirador (m) de tocaia	snayper	['snajpɛr]
patrulha (f)	patrul	[pat'rul]
patrulhar (vt)	patrul çəkmək	[pat'rul ʧæk'mæk]
sentinela (f)	keşikçi	[kɛʃik'ʧi]

guerreiro (m)	döyüşçü	[døyʃ'ʧu]
patriota (m)	vətənpərvər	[vætænpær'vær]
herói (m)	qəhrəman	[gæhræ'man]
heroína (f)	qəhrəman qadın	[gæhræ'man ga'dın]

traidor (m)	satqın	[sat'gın]
desertor (m)	fərari	[færa'ri]
desertar (vt)	fərarilik etmək	[færa'ri'lik ɛt'mæk]

mercenário (m)	muzdla tutulan əsgər	['muzdla tutu'lan æs'gær]
recruta (m)	yeni əsgər	[ɛ'ni æs'gær]
voluntário (m)	könüllü	[kønyl'ly]

morto (m)	öldürülən	[øldyry'læn]
ferido (m)	yaralı	[jara'lı]
prisioneiro (m) de guerra	əsir	[æ'sir]

155. Guerra. Ações militares. Parte 1

| guerra (f) | müharibə | [myhari'bæ] |
| guerrear (vt) | müharibə etmək | [myhari'bæ ɛt'mæk] |

guerra (f) civil	vətəndaş müharibəsi	[vætæn'daʃ myharibæ'si]
perfidamente	xaincəsinə	[χa'indʒ:æsinæ]
declaração (f) de guerra	elan edilmə	[ɛ'lan ɛdil'mæ]
declarar guerra	elan etmək	[ɛ'lan ɛt'mæk]
agressão (f)	təcavüz	[tædʒ:a'vyz]
atacar (vt)	hücum etmək	[hy'dʒ:um ɛt'mæk]

invadir (vt)	işğal etmək	[iʃ'ɣal ɛt'mæk]
invasor (m)	işğalçı	[iʃɣal'tʃı]
conquistador (m)	istilaçı	[istila'tʃı]

defesa (f)	müdafiyə	[mydafi'jæ]
defender (vt)	müdafiyə etmək	[mydafi'jæ ɛt'mæk]
defender-se (vr)	müdafiyə olunmaq	[mydafi'jæ olʲun'mah]

inimigo (m)	düşmən	[dyʃ'mæn]
adversário (m)	eleyhdar	[ælɛjh'dar]
inimigo (adj)	düşmən	[dyʃ'mæn]

estratégia (f)	strategiya	[stra'tɛgija]
tática (f)	taktika	['taktika]

ordem (f)	əmr	['æmr]
comando (m)	əmr	['æmr]
ordenar (vt)	əmr etmək	['æmr ɛt'mæk]
missão (f)	tapşırıq	[tapʃı'rıh]
secreto (adj)	məxfi	[mæχ'fi]

batalha (f)	vuruşma	[vuruʃ'ma]
combate (m)	döyüş	[dø'juʃ]

ataque (m)	hücum	[hy'dʒ:um]
assalto (m)	hücum	[hy'dʒ:um]
assaltar (vt)	hücum etmək	[hy'dʒ:um ɛt'mæk]
assédio, sítio (m)	mühasirə	[myhasi'ræ]

ofensiva (f)	hücum	[hy'dʒ:um]
tomar à ofensiva	hücum etmək	[hy'dʒ:um ɛt'mæk]

retirada (f)	geri çəkilmə	[gɛ'ri tʃækil'mæ]
retirar-se (vr)	geri çəkilmək	[gɛ'ri tʃækil'mæk]

cerco (m)	mühasirə	[myhasi'ræ]
cercar (vt)	mühasirəyə almaq	[myhasiræ'jæ al'mah]

bombardeio (m)	bombalama	[bombala'ma]
lançar uma bomba	bomba atmaq	[bom'ba at'mah]
bombardear (vt)	bombalamaq	[bombala'mah]
explosão (f)	partlayış	[partla'jıʃ]

tiro (m)	atəş	[a'tæʃ]
dar um tiro	güllə atmaq	[gyl'læ at'mah]
tiroteio (m)	atəş	[a'tæʃ]

apontar para ...	nişan almaq	[ni'ʃan al'mah]
apontar (vt)	tuşlamaq	[tuʃla'mah]

acertar (vt)	sərrast vurmaq	[sær'rast vur'mah]
afundar (~ um navio, etc.)	batırmaq	[batır'mah]
brecha (f)	deşik	[dɛ'ʃik]
afundar-se (vr)	batmaq	[bat'mah]

frente (m)	cəbhə	[dʒ'æb'hæ]
evacuação (f)	təxliyə	[tæχli'jæ]
evacuar (vt)	təxliyə etmək	[tæχli'jæ ɛt'mæk]

trincheira (f)	səngər	[sæ'ngær]
arame (m) enfarpado	tikanlı məftil	[tik'an'lı mæf'til]
barreira (f) anti-tanque	çəpərləmə	[ʧæpærlæ'mæ]
torre (f) de vigia	qüllə	[gyl'læ]

hospital (m) militar	hospital	['hospital]
ferir (vt)	yaralamaq	[jarala'mah]
ferida (f)	yara	[ja'ra]
ferido (m)	yaralı	[jara'lı]
ficar ferido	yara almaq	[ja'ra al'mah]
grave (ferida ~)	ağır	[a'ɣır]

156. Armas

arma (f)	silah	[si'lah]
arma (f) de fogo	odlu silah	[od'l'u si'lah]
arma (f) branca	soyuq silah	[so'juh si'lah]

arma (f) química	kimyəvi silah	[kimjæ'vi si'lah]
nuclear (adj)	nüvə	[ny'væ]
arma (f) nuclear	nüvə silahı	[ny'væ sila'hı]

bomba (f)	bomba	[bom'ba]
bomba (f) atômica	atom bombası	['atom bomba'sı]

pistola (f)	tapança	[tapan'ʧa]
rifle (m)	tüfəng	[ty'fænh]
semi-automática (f)	avtomat	[avto'mat]
metralhadora (f)	pulemyot	[pulɛ'm'ot]

boca (f)	ağız	[a'ɣız]
cano (m)	lülə	[ly'læ]
calibre (m)	kalibr	[ka'libr]

gatilho (m)	çaxmaq	[ʧaχ'mah]
mira (f)	nişangah	[niʃan'g'ah]
carregador (m)	sandıq	[san'dıh]
coronha (f)	qundaq	[gun'dah]

granada (f) de mão	qumbara	[gumba'ra]
explosivo (m)	partlayıcı maddə	[partlajı'dʒ'ı mad'dæ]

bala (f)	güllə	[gyl'læ]
cartucho (m)	patron	[pat'ron]
carga (f)	güllə	[gyl'læ]

munições (f pl)	döyüş sursatı	[dø'juʃ sursa'tı]
bombardeiro (m)	bombardmançı təyyarə	[bombardman'tʃı tæeja'ræ]
avião (m) de caça	qırıcı təyyare	[gırı'dʒⁱı tæeja'ræ]
helicóptero (m)	vertolyot	[vɛrto'lⁱot]

canhão (m) antiaéreo	zenit topu	[zɛ'nit to'pu]
tanque (m)	tank	['tank]
canhão (de um tanque)	top	['top]

| artilharia (f) | top | ['top] |
| fazer a pontaria | tuşlamaq | [tuʃla'mah] |

projétil (m)	mərmi	[mær'mi]
granada (f) de morteiro	mina	['mina]
morteiro (m)	minaatan	['minaatan]
estilhaço (m)	qəlpə	[gæl'pæ]

submarino (m)	sualtı qayıq	[sual'tı ga'jıh]
torpedo (m)	torpeda	[tor'pɛda]
míssil (m)	raket	[ra'kɛt]

carregar (uma arma)	doldurmaq	[doldur'mah]
disparar, atirar (vi)	atəş açmaq	[a'tæʃ atʃ'mah]
apontar para ...	nişan almaq	[ni'ʃan al'mah]
baioneta (f)	süngü	[sy'ngy]

espada (f)	qılınc	[gı'lındʒⁱ]
sabre (m)	qılınc	[gı'lındʒⁱ]
lança (f)	nizə	[ni'zæ]
arco (m)	yay	['jaj]
flecha (f)	ox	['oχ]
mosquete (m)	muşket	[muʃ'kɛt]
besta (f)	arbalet	[arba'lɛt]

157. Povos da antiguidade

primitivo (adj)	ibtidai	[iptida'i]
pré-histórico (adj)	tarixdən əvvəlki	[tariχ'dæn ævvæl'ki]
antigo (adj)	qədim	[gæ'dim]

Idade (f) da Pedra	Daş dövrü	['daʃ døv'ry]
Idade (f) do Bronze	Tunc dövrü	['tundʒⁱ døv'ry]
Era (f) do Gelo	buz dövrü	['buz døv'ry]

tribo (f)	tayfa	[taj'fa]
canibal (m)	adamyeyən	[adamjɛ'jæn]
caçador (m)	ovçu	[ov'tʃu]
caçar (vi)	ova çıxmaq	[o'va tʃıχ'mah]
mamute (m)	mamont	['mamont]

caverna (f)	mağara	[maɣa'ra]
fogo (m)	od	['od]
fogueira (f)	tonqal	[ton'gal]
pintura (f) rupestre	qayaüstü rəsmlər	[gajays'ty ræsm'lær]

ferramenta (f)	iş aləti	['iʃ alæ'ti]
lança (f)	nizə	[ni'zæ]
machado (m) de pedra	daş baltası	['daʃ balta'sı]
guerrear (vt)	müharibə etmək	[myhari'bæ ɛt'mæk]
domesticar (vt)	əhliləşdirmək	[æhlilæʃdir'mæk]

ídolo (m)	büt	['byt]
adorar, venerar (vt)	pərəstiş etmək	[pæræs'tiʃ ɛt'mæk]
superstição (f)	xurafat	[xura'fat]

evolução (f)	təkamül	[tæka'myl]
desenvolvimento (m)	inkişaf	[inki'ʃaf]
extinção (f)	yox olma	['jox ol'ma]
adaptar-se (vr)	uyğunlaşmaq	[ujɣunlaʃ'mah]

arqueologia (f)	arxeoloqiya	[arxɛo'logija]
arqueólogo (m)	arxeoloq	[arxɛ'oloh]
arqueológico (adj)	arxeoloji	[arxɛolo'ʒi]

escavação (sítio)	qazıntı	[gazın'tı]
escavações (f pl)	qazıntılar	[gazıntı'lar]
achado (m)	tapıntı	[tapın'tı]
fragmento (m)	parça	[par'ʧa]

158. Idade média

povo (m)	xalq	['xalh]
povos (m pl)	xalqlar	[xalg'lar]
tribo (f)	tayfa	[taj'fa]
tribos (f pl)	tayfalar	[tajfa'lar]

bárbaros (pl)	barbarlar	[barbar'lar]
galeses (pl)	qallar	[gal'lar]
godos (pl)	qotlar	[got'lar]
eslavos (pl)	slavyanlar	[slavʲan'lar]
viquingues (pl)	vikinqlər	['vikinglær]

| romanos (pl) | romalılar | ['romalılar] |
| romano (adj) | Roma | ['roma] |

bizantinos (pl)	bizanslılar	[bizanslı'lar]
Bizâncio	Bizans	[bi'zans]
bizantino (adj)	Bizans	[bi'zans]

imperador (m)	imperator	[impɛ'rator]
líder (m)	rəhbər	[ræh'bær]
poderoso (adj)	qüdrətli	[gydræt'li]
rei (m)	kral	['kral]
governante (m)	hökmdar	[høkm'dar]

cavaleiro (m)	rıtsar	['rıtsar]
senhor feudal (m)	mülkədar	[mylʲkæ'dar]
feudal (adj)	mülkədar	[mylʲkæ'dar]
vassalo (m)	vassal	[vas'sal]

duque (m)	hersoq	['hɛrsoh]
conde (m)	qraf	['graf]
barão (m)	baron	[ba'ron]
bispo (m)	yepiskop	[ɛ'piskop]
armadura (f)	yaraq-əsləhə	[ja'rah æslæ'hæ]
escudo (m)	qalxan	[gal'χan]
espada (f)	qılınc	[gɪ'lɪndʒʲ]
viseira (f)	dəbilqə üzlüyü	[dæbil'gæ juzly'ju]
cota (f) de malha	dəmir geyim	[dæ'mir gɛ'jɪm]
cruzada (f)	xaç yürüşü	['χatʃ jury'ʃy]
cruzado (m)	əhl-səlib	['æhl sæ'lip]
território (m)	ərazi	[æra'zi]
atacar (vt)	hücum etmək	[hy'dʒʲum ɛt'mæk]
conquistar (vt)	istila etmək	[isti'la ɛt'mæk]
ocupar, invadir (vt)	işğal etmək	[iʃ'ɣal ɛt'mæk]
assédio, sítio (m)	mühasirə	[myhasi'ræ]
sitiado (adj)	mühasirə olunmuş	[myhasi'ræ olʲun'muʃ]
assediar, sitiar (vt)	mühasirə etmək	[myhasi'ræ ɛt'mæk]
inquisição (f)	inkvizisiya	[inkvi'zisija]
inquisidor (m)	inkvizitor	[inkvi'zitor]
tortura (f)	işgəncə	[iʃgæn'dʒʲæ]
cruel (adj)	qəddar	[gæd'dar]
herege (m)	kafir	[ka'fir]
heresia (f)	küfr	['kyfr]
navegação (f) marítima	gəmiçilik	[gæmitʃi'lik]
pirata (m)	dəniz qulduru	[dæ'niz guldu'ru]
pirataria (f)	dəniz quldurluğu	[dæ'niz guldurlʲu'ɣu]
abordagem (f)	abordaj	[abor'daʒ]
presa (f), butim (m)	qənimət	[gæni'mæt]
tesouros (m pl)	xəzinə	[χæzi'næ]
descobrimento (m)	kəşf etmə	['kæʃf ɛt'mæ]
descobrir (novas terras)	kəşf etmək	['kæʃf ɛt'mæk]
expedição (f)	ekspedisiya	[ɛkspɛ'disija]
mosqueteiro (m)	muşketyor	[muʃkɛ'tʲor]
cardeal (m)	kardinal	[kardi'nal]
heráldica (f)	heraldika	[hɛ'raldika]
heráldico (adj)	heraldik	[hɛral'dik]

159. Líder. Chefe. Autoridades

rei (m)	kral	['kral]
rainha (f)	kraliçə	[kra'litʃæ]
real (adj)	kral	['kral]
reino (m)	krallıq	[kral'lɪh]
príncipe (m)	şahzadə	[ʃahza'dæ]
princesa (f)	şahzadə xanım	[ʃahza'dæ χa'nɪm]

presidente (m)	prezident	[prɛzi'dɛnt]
vice-presidente (m)	vitse-prezident	['vitsɛ prɛzi'dɛnt]
senador (m)	senator	[sɛ'nator]

monarca (m)	padşah	[pad'ʃah]
governante (m)	hökmdar	[høkm'dar]
ditador (m)	diktator	[dik'tator]
tirano (m)	zülmkar	[zylˡm'kar]
magnata (m)	maqnat	[mag'nat]

diretor (m)	direktor	[di'rɛktor]
chefe (m)	reis	[ræ'is]
gerente (m)	idarə başçısı	[ida'ræ baʃʧı'sı]
patrão (m)	boss	['boss]
dono (m)	sahib	[sa'hip]

chefe (m)	başçı	[baʃ'ʧı]
autoridades (f pl)	hakimiyyət	[hakimi'æt]
superiores (m pl)	rəhbərlik	[ræhbær'lik]

governador (m)	qubernator	[gubɛr'nator]
cônsul (m)	konsul	['konsul]
diplomata (m)	diplomat	[diplo'mat]
Presidente (m) da Câmara	şəhər icra hakimiyyətinin başçısı	[ʃæ'hær idʒˡ'ra hakimiæti'nin baʃʧı'sı]
xerife (m)	şerif	[ʃɛ'rif]

imperador (m)	imperator	[impɛ'rator]
czar (m)	çar	['ʧar]
faraó (m)	firon	[fi'ron]
cã, khan (m)	xan	['χan]

160. Violação da lei. Criminosos. Parte 1

bandido (m)	quldur	[gul'dur]
crime (m)	cinayət	[dʒˡina'jæt]
criminoso (m)	cinayətkar	[dʒˡinajæt'kar]

ladrão (m)	oğru	[o'ɣru]
roubar (vt)	oğurlamaq	[oɣurla'mah]
furto, roubo (m)	oğurluq	[oɣur'lˡuh]

raptar, sequestrar (vt)	qaçırtmaq	[gatʃırt'mah]
sequestro (m)	qaçırtma	[gatʃırt'ma]
sequestrador (m)	adam oğrusu	[a'dam oɣru'su]

| resgate (m) | fidiyə | [fidi'ja] |
| pedir resgate | fidiyə tələb etmək | [fidi'ja tæ'læp ɛt'mæk] |

| roubar (vt) | adam soymaq | [a'dam soj'mah] |
| assaltante (m) | soyğunçu | [sojɣun'ʧu] |

| extorquir (vt) | zorla pul qoparmaq | ['zorla 'pul gopar'mah] |
| extorsionário (m) | zorla pul qoparan | ['zorla 'pul gopa'ran] |

extorsão (f)	zorla pul qoparma	['zorla 'pul gopar'ma]
matar, assassinar (vt)	öldürmək	[øldyr'mæk]
homicídio (m)	qətl	['gætl]
homicida, assassino (m)	qatil	[ga'til]

tiro (m)	atəş	[a'tæʃ]
dar um tiro	güllə atmaq	[gyl'læ at'mah]
matar a tiro	güllə ilə vurmaq	[gyl'læ i'læ vur'mah]
disparar, atirar (vi)	atəş açmaq	[a'tæʃ atʃ'mah]
tiroteio (m)	atəş	[a'tæʃ]

incidente (m)	hadisə	[hadi'sæ]
briga (~ de rua)	dava-dalaş	[da'va da'laʃ]
vítima (f)	qurban	[gur'ban]

danificar (vt)	xarab etmək	[ɣa'rap ɛt'mæk]
dano (m)	ziyan	[zi'jan]
cadáver (m)	meyit	[mɛ'it]
grave (adj)	ağır	[a'ɣɪr]

atacar (vt)	hücum etmək	[hy'dʒ'um ɛt'mæk]
bater (espancar)	vurmaq	[vur'mah]
espancar (vt)	döymək	[døj'mæk]
tirar, roubar (dinheiro)	əlindən almaq	[ælin'dæn al'mah]
esfaquear (vt)	bıçaqlamaq	[bɪtʃagla'mah]
mutilar (vt)	şikəst etmək	[ʃi'kæst ɛt'mæk]
ferir (vt)	yaralamaq	[jarala'mah]

chantagem (f)	şantaj	[ʃan'taʒ]
chantagear (vt)	şantaj etmək	[ʃan'taʒ ɛt'mæk]
chantagista (m)	şantajçı	[ʃantaʒ'tʃɪ]

extorsão (f)	reket	['rɛkɛt]
extorsionário (m)	reketçi	['rɛkɛtʃi]
gângster (m)	qanqster	['gangstɛr]
máfia (f)	mafiya	['mafija]

punguista (m)	cibgir	[dʒ'ib'gir]
assaltante, ladrão (m)	ev yaran	['ɛv ja'ran]
contrabando (m)	qaçaqçılıq	[gatʃagtʃɪ'lɪh]
contrabandista (m)	qaçaqçı	[gatʃag'tʃɪ]

falsificação (f)	saxtalaşdırma	[saɣtalaʃdɪr'ma]
falsificar (vt)	saxtalaşdırmaq	[saɣtalaʃdɪr'mah]
falsificado (adj)	saxta	[saɣ'ta]

161. Violação da lei. Criminosos. Parte 2

estupro (m)	zorlama	[zorla'ma]
estuprar (vt)	zorlamaq	[zorla'mah]
estuprador (m)	qadın zorlayan	[ga'dın zorla'jan]
maníaco (m)	manyak	[ma'njak]
prostituta (f)	fahişə	[fahi'ʃæ]
prostituição (f)	fahişəlik	[fahiʃæ'lik]

cafetão (m)	qadın alverçisi	[ga'dın alvɛrtʃi'si]
drogado (m)	narkoman	[narko'man]
traficante (m)	narkotik alverçisi	[narko'tik alvɛrtʃi'si]

explodir (vt)	partlatmaq	[partlat'mah]
explosão (f)	partlayış	[partla'jıʃ]
incendiar (vt)	yandırmaq	[jandır'mah]
incendiário (m)	qesden yandıran	['gæsdæn jandı'ran]

terrorismo (m)	terrorizm	[tɛrro'rizm]
terrorista (m)	terrorçu	[tɛrror'tʃu]
refém (m)	girov götürulen adam	[gi'rov gøtyry'læn a'dam]

enganar (vt)	yalan satmaq	[ja'lan sat'mah]
engano (m)	yalan	[ja'lan]
vigarista (m)	fırıldaqçı	[fırıldag'tʃı]

subornar (vt)	pulla ele almaq	['pulla æ'læ al'mah]
suborno (atividade)	pulla ele alma	['pulla æ'læ al'ma]
suborno (dinheiro)	rüşvet	[ryʃ'væt]
veneno (m)	zeher	[zæ'hær]
envenenar (vt)	zeherlemek	[zæhærlæ'mæk]
envenenar-se (vr)	özünü zeherlemek	[øzy'ny zæhærlæ'mæk]

| suicídio (m) | intihar | [inti'har] |
| suicida (m) | intihar eden adam | [inti'har ɛ'dæn a'dam] |

ameaçar (vt)	hedelemek	[hædælæ'mæk]
ameaça (f)	hede	[hæ'dæ]
atentar contra a vida de ...	birinin canına qesd etmek	[biri'nin dʒ'anı'na 'gæsd ɛt'mæk]
atentado (m)	qesd etme	['gæsd ɛt'mæ]

roubar (um carro)	qaçırmaq	[gatʃır'mah]
sequestrar (um avião)	qaçırmaq	[gatʃır'mah]
vingança (f)	intiqam	[inti'gam]
vingar (vt)	intiqam almaq	[inti'gam al'mah]

torturar (vt)	işgence vermek	[iʃgæn'dʒ'æ vɛr'mæk]
tortura (f)	işgence	[iʃgæn'dʒ'æ]
atormentar (vt)	ezab vermek	[æ'zab vɛr'mæk]

pirata (m)	deniz qulduru	[dæ'niz guldu'ru]
desordeiro (m)	xuliqan	[χuli'gan]
armado (adj)	silahlı	[silah'lı]
violência (f)	zorakılıq	[zorakı'lıh]

| espionagem (f) | casusluq | [dʒ'asus'l'uh] |
| espionar (vi) | casusluq etmek | [dʒ'asus'l'uh ɛt'mæk] |

162. Polícia. Lei. Parte 1

| justiça (sistema de ~) | edalet | [æda'læt] |
| tribunal (m) | mehkeme | [mæhkæ'mæ] |

juiz (m)	hakim	[ha'kim]
jurados (m pl)	prisyajnı içlasçıları	[pri's'aʒnı idʒ'lastʃıla'rı]
tribunal (m) do júri	prisyajnılar məhkəməsi	[pri's'aʒnılar mæhkæmæ'si]
julgar (vt)	mühakimə etmək	[myhaki'mæ ɛt'mæk]
advogado (m)	vəkil	[væ'kil]
réu (m)	müqəssir	[mygæs'sir]
banco (m) dos réus	müqəssirlər kürsüsü	[mygæssir'lær kyrsy'sy]
acusação (f)	ittiham	[itti'ham]
acusado (m)	müttəhim	[myttæ'him]
sentença (f)	hökm	['høkm]
sentenciar (vt)	məhkum etmək	[mæh'kum ɛt'mæk]
culpado (m)	təqsirkar	[tægsir'kar]
punir (vt)	cəzalandırmaq	[dʒ'æzalandır'mah]
punição (f)	cəza	[dʒ'æ'za]
multa (f)	cərimə	[dʒ'æri'mæ]
prisão (f) perpétua	ömürlük həbs cəzası	[ømyr'lyk 'hæbs dʒ'æza'sı]
pena (f) de morte	ölüm cəzası	[ø'lym dʒ'æza'sı]
cadeira (f) elétrica	elektrik stul	[ɛlɛk'rik 'stul]
forca (f)	dar ağacı	['dar aɣa'dʒ'ı]
executar (vt)	edam etmək	[ɛ'dam ɛt'mæk]
execução (f)	edam	[ɛ'dam]
prisão (f)	həbsxana	[hæbsχa'na]
cela (f) de prisão	kamera	['kamɛra]
escolta (f)	mühafizə dəstəsi	[myhafi'zæ dæstæ'si]
guarda (m) prisional	gözətçi	[gøzæ'tʃi]
preso, prisioneiro (m)	dustaq	[dus'tah]
algemas (f pl)	əl qandalları	['æl gandalla'rı]
algemar (vt)	əl qandalları vurmaq	['æl gandalla'rı vur'mah]
fuga, evasão (f)	qaçış	[ga'tʃıʃ]
fugir (vi)	qaçmaq	[gatʃ'mah]
desaparecer (vi)	yox olmaq	['joχ ol'mah]
soltar, libertar (vt)	azad etmək	[a'zad ɛt'mæk]
anistia (f)	əhf	['æhf]
polícia (instituição)	polis	[po'lis]
polícia (m)	polis	[po'lis]
delegacia (f) de polícia	polis idarəsi	[po'lis idaræ'si]
cassetete (m)	rezin dəyənək	[rɛ'zin dæjæ'næk]
megafone (m)	rupor	['rupor]
carro (m) de patrulha	patrul maşını	[pat'rul maʃı'nı]
sirene (f)	sirena	[si'rɛna]
ligar a sirene	sirenanı qoşmaq	[si'rɛnanı goʃ'mah]
toque (m) da sirene	sirena səsi	[si'rɛna sæ'si]
cena (f) do crime	hadisə yeri	[hadi'sæ ɛ'ri]
testemunha (f)	şahid	[ʃa'hid]

liberdade (f)	azadlıq	[azad'lıh]
cúmplice (m)	cinayet ortağı	[dʒina'jæt orta'ɣı]
escapar (vi)	gözden itmek	[gøz'dæn it'mæk]
traço (não deixar ~s)	iz	['iz]

163. Polícia. Lei. Parte 2

procura (f)	axtarış	[axta'rıʃ]
procurar (vt)	axtarmaq	[axtar'mah]
suspeita (f)	şübhe	[ʃyb'hæ]
suspeito (adj)	şübheli	[ʃybhæ'li]
parar (veículo, etc.)	dayandırmaq	[dajandır'mah]
deter (fazer parar)	saxlamaq	[saχla'mah]

caso (~ criminal)	iş	['iʃ]
investigação (f)	istintaq	[istin'tah]
detetive (m)	detektiv	[dɛtɛk'tiv]
investigador (m)	müstentiq	[mystæn'tih]
versão (f)	versiya	['vɛrsija]

motivo (m)	esas	[æ'sas]
interrogatório (m)	dindirilme	[dindiril'mæ]
interrogar (vt)	dindirmek	[dindir'mæk]
questionar (vt)	sorğulamaq	[sorɣula'mah]
verificação (f)	yoxlama	[joχla'ma]

batida (f) policial	basqın	[bas'gın]
busca (f)	axtarış	[axta'rıʃ]
perseguição (f)	teqib etme	[tæ'gip ɛt'mæ]
perseguir (vt)	teqib etmek	[tæ'gip ɛt'mæk]
seguir, rastrear (vt)	izlemek	[izlæ'mæk]

prisão (f)	hebs	['hæbs]
prender (vt)	hebs etmek	['hæbs ɛt'mæk]
pegar, capturar (vt)	tutmaq	[tut'mah]
captura (f)	tutma	[tut'ma]

documento (m)	sened	[sæ'næd]
prova (f)	sübut	[sy'but]
provar (vt)	sübut etmek	[sy'but ɛt'mæk]
pegada (f)	iz	['iz]
impressões (f pl) digitais	barmaq izleri	[bar'mah izlæ'ri]
prova (f)	delil	[dæ'lil]

álibi (m)	alibi	['alibi]
inocente (adj)	günahsız	[gynah'sız]
injustiça (f)	edaletsizlik	[ædalætsiz'lik]
injusto (adj)	edaletsiz	[ædalæ'tsiz]

criminal (adj)	kriminal	[krimi'nal]
confiscar (vt)	müsadire etmek	[mysadi'ræ ɛt'mæk]
droga (f)	narkotik madde	[narko'tik mad'dæ]
arma (f)	silah	[si'lah]
desarmar (vt)	terksilah etmek	[tærksi'lah ɛt'mæk]

ordenar (vt)	əmr etmək	['æmr ɛt'mæk]
desaparecer (vi)	yox olmaq	['joχ ol'mah]
lei (f)	qanun	[ga'nun]
legal (adj)	qanuni	[ganu'ni]
ilegal (adj)	qanunsuz	[ganun'suz]
responsabilidade (f)	məsuliyyət	[mæsuli'æt]
responsável (adj)	məsul	[mæ'sul]

NATUREZA

A Terra. Parte 1

164. Espaço sideral

espaço, cosmo (m)	kosmos	['kosmos]
espacial, cósmico (adj)	kosmik	[kos'mik]
espaço (m) cósmico	kosmik fəza	[kos'mik fæ'za]
mundo (m)	dünya	[dy'nja]
universo (m)	kainat	[kai'nat]
galáxia (f)	qalaktika	[ga'laktika]
estrela (f)	ulduz	[ul'duz]
constelação (f)	bürc	['byrdʒi]
planeta (m)	planet	[pla'nɛt]
satélite (m)	peyk	['pɛjk]
meteorito (m)	meteorit	[mɛtɛo'rit]
cometa (m)	kometa	[ko'mɛta]
asteroide (m)	asteroid	[astɛ'roid]
órbita (f)	orbita	[or'bita]
girar (vi)	fırlanmaq	[fɪrlan'mah]
atmosfera (f)	atmosfer	[atmos'fɛr]
Sol (m)	Günəş	[gy'næʃ]
Sistema (m) Solar	Günəş sistemi	[gy'næʃ sistɛ'mi]
eclipse (m) solar	günəşin tutulması	[gynæ'ʃin tutulma'sɪ]
Terra (f)	Yer	['ɛr]
Lua (f)	Ay	['aj]
Marte (m)	Mars	['mars]
Vênus (f)	Venera	[vɛ'nɛra]
Júpiter (m)	Yupiter	[ju'pitɛr]
Saturno (m)	Saturn	[sa'turn]
Mercúrio (m)	Merkuri	[mɛr'kurij]
Urano (m)	Uran	[u'ran]
Netuno (m)	Neptun	[nɛp'tun]
Plutão (m)	Pluton	[plʲu'ton]
Via Láctea (f)	Ağ Yol	['aɣ 'jol]
Ursa Maior (f)	Böyük ayı bürcü	[bø'juk a'jı byr'dʒy]
Estrela Polar (f)	Qütb ulduzu	['gytp uldu'zu]
marciano (m)	marslı	[mars'lı]
extraterrestre (m)	başqa planetdən gələn	[baʃ'ga planɛt'dæn gæ'læn]

alienígena (m)	gəlmə	[gæl'mæ]
disco (m) voador	uçan boşqab	[u'tʃan boʃ'gap]
espaçonave (f)	kosmik gəmi	[kos'mik gæ'mi]
estação (f) orbital	orbital stansiya	[orbi'tal 'stansija]
lançamento (m)	start	['start]
motor (m)	mühərrik	[myhær'rik]
bocal (m)	ucluq	[udʒiˈlʲuh]
combustível (m)	yanacaq	[jana'dʒiah]
cabine (f)	kabina	[ka'bina]
antena (f)	antenna	[an'tɛnna]
vigia (f)	illüminator	[illymi'nator]
bateria (f) solar	günəş batareyası	[gy'næʃ bata'rɛjası]
traje (m) espacial	skafandr	[ska'fandr]
imponderabilidade (f)	çəkisizlik	[tʃækisiz'lik]
oxigênio (m)	oksigen	[oksi'gɛn]
acoplagem (f)	uc-uca calama	['udʒi u'dʒia dʒiala'ma]
fazer uma acoplagem	uc-uca calamaq	['udʒi u'dʒia dʒiala'mah]
observatório (m)	observatoriya	[obsɛrva'torija]
telescópio (m)	teleskop	[tɛlɛs'kop]
observar (vt)	müşaidə etmək	[myʃai'dæ ɛt'mæk]
explorar (vt)	araşdırmaq	[araʃdır'mah]

165. A Terra

Terra (f)	Yer	['ɛr]
globo terrestre (Terra)	yer kürəsi	['ɛr kyræ'si]
planeta (m)	planet	[pla'nɛt]
atmosfera (f)	atmosfer	[atmos'fɛr]
geografia (f)	coğrafiya	[dʒio'ɣrafija]
natureza (f)	təbiət	[tæbi'æt]
globo (mapa esférico)	qlobus	['globus]
mapa (m)	xəritə	[xæri'tæ]
atlas (m)	atlas	['atlas]
Europa (f)	Avropa	[av'ropa]
Ásia (f)	Asiya	['asija]
África (f)	Afrika	['afrika]
Austrália (f)	Avstraliya	[av'stralija]
América (f)	Amerika	[a'mɛrika]
América (f) do Norte	Şimali Amerika	[ʃima'li a'mɛrika]
América (f) do Sul	Cənubi Amerika	[dʒiænu'bi a'mɛrika]
Antártida (f)	Antarktida	[antark'tida]
Ártico (m)	Arktika	['arktika]

166. Pontos cardeais

norte (m)	şimal	[ʃi'mal]
para norte	şimala	[ʃima'la]
no norte	şimalda	[ʃimal'da]
do norte (adj)	şimali	[ʃima'li]
sul (m)	cənub	[dʒʲæ'nup]
para sul	cənuba	[dʒʲænu'ba]
no sul	cənubda	[dʒʲænub'da]
do sul (adj)	cənubi	[dʒʲænu'bi]
oeste, ocidente (m)	qərb	['gærp]
para oeste	qərbə	[gær'bæ]
no oeste	qərbdə	[gærb'dæ]
ocidental (adj)	qərb	['gærp]
leste, oriente (m)	şərq	['ʃærh]
para leste	şərqə	[ʃær'gæ]
no leste	şərqdə	[ʃærg'dæ]
oriental (adj)	şərq	['ʃærh]

167. Mar. Oceano

mar (m)	dəniz	[dæ'niz]
oceano (m)	okean	[okɛ'an]
golfo (m)	körfəz	[kør'fæz]
estreito (m)	boğaz	[bo'gaz]
terra (f) firme	quru	[gu'ru]
continente (m)	materik	[matɛ'rik]
ilha (f)	ada	[a'da]
península (f)	yarımada	[jarıma'da]
arquipélago (m)	arxipelaq	[arχipɛ'lah]
baía (f)	buxta	['buχta]
porto (m)	liman	[li'man]
lagoa (f)	laquna	[la'guna]
cabo (m)	burun	[bu'run]
atol (m)	mərcan adası	[mær'dʒʲan ada'sı]
recife (m)	rif	['rif]
coral (m)	mərcan	[mær'dʒʲan]
recife (m) de coral	mərcan rifi	[mær'dʒʲan ri'fi]
profundo (adj)	dərin	[dæ'rin]
profundidade (f)	dərinlik	[dærin'lik]
abismo (m)	dərinlik	[dærin'lik]
fossa (f) oceânica	çuxur	[tʃu'χur]
corrente (f)	axın	[a'χın]
banhar (vt)	əhatə etmək	[æha'tæ ɛt'mæk]
litoral (m)	sahil	[sa'hil]

costa (f)	sahilboyu	[sahilbo'ju]
maré (f) alta	yükselme	[jyksæl'mæ]
refluxo (m)	çekilme	[tʃækil'mæ]
restinga (f)	dayaz yer	[da'jaz 'ɛr]
fundo (m)	dib	['dip]
onda (f)	dalğa	[dal'ɣa]
crista (f) da onda	lepe beli	[læ'pæ bɛ'li]
espuma (f)	köpük	[kø'pyk]
tempestade (f)	fırtına	[fırtı'na]
furacão (m)	qasırğa	[gasır'ɣa]
tsunami (m)	tsunami	[ʦu'nami]
calmaria (f)	tam sakitlik	['tam sakit'lik]
calmo (adj)	sakit	[sa'kit]
polo (m)	polyus	['polʲus]
polar (adj)	qütbi	[gyt'bi]
latitude (f)	en dairesi	['ɛn dairæ'si]
longitude (f)	uzunluq dairesi	[uzun'lʲuh dairæ'si]
paralela (f)	paralel	[para'lɛl]
equador (m)	ekvator	[ɛk'vator]
céu (m)	sema	[sæ'ma]
horizonte (m)	üfüq	[y'fyh]
ar (m)	hava	[ha'va]
farol (m)	mayak	[ma'jak]
mergulhar (vi)	dalmaq	[dal'mah]
afundar-se (vr)	batmaq	[bat'mah]
tesouros (m pl)	xezine	[χæzi'næ]

168. Montanhas

montanha (f)	dağ	['daɣ]
cordilheira (f)	dağ silsilesi	['daɣ silsilæ'si]
serra (f)	sıra dağlar	[sı'ra da'ɣlar]
cume (m)	baş	['baʃ]
pico (m)	zirve	[zir'væ]
pé (m)	etek	[æ'tæk]
declive (m)	yamac	[ja'madʒʲ]
vulcão (m)	yanardağ	[janar'daɣ]
vulcão (m) ativo	feal yanardağ	[fæ'al janar'daɣ]
vulcão (m) extinto	sönmüş yanardağ	[søn'myʃ janar'daɣ]
erupção (f)	püskürme	[pyskyr'mæ]
cratera (f)	yanardağ ağzı	[janar'daɣ a'ɣzı]
magma (m)	maqma	['magma]
lava (f)	lava	['lava]
fundido (lava ~a)	qızmar	[gız'mar]
cânion, desfiladeiro (m)	kanyon	[ka'njon]

garganta (f)	dərə	[dæ'ræ]
fenda (f)	dar dərə	['dar dæ'ræ]

passo, colo (m)	dağ keçidi	['daɣ kɛtʃi'di]
planalto (m)	plato	['plato]
falésia (f)	qaya	[ga'ja]
colina (f)	təpə	[tæ'pæ]

geleira (f)	buzlaq	[buz'lah]
cachoeira (f)	şəlalə	[ʃæla'læ]
gêiser (m)	qeyzer	['gɛjzɛr]
lago (m)	göl	['gølʲ]

planície (f)	düzən	[dy'zæn]
paisagem (f)	mənzərə	[mænzæ'ræ]
eco (m)	əks-səda	['æks sæ'da]

alpinista (m)	alpinist	[alpi'nist]
escalador (m)	qayalara dırmaşan idmançı	[gajala'ra dırma'ʃan idman'tʃı]
conquistar (vt)	fəth etmək	['fæth ɛt'mæk]
subida, escalada (f)	dırmaşma	[dırmaʃ'ma]

169. Rios

rio (m)	çay	['tʃaj]
fonte, nascente (f)	çeşmə	[tʃɛʃ'mæ]
leito (m) de rio	çay yatağı	['tʃaj jata'ɣı]
bacia (f)	hovuz	[ho'vuz]
desaguar no ...	tökülmək	[tøkyl'mæk]

afluente (m)	axın	[a'χın]
margem (do rio)	sahil	[sa'hil]

corrente (f)	axın	[a'χın]
rio abaixo	axınla aşağıya doğru	[a'χınla aʃaɣı'ja do'ɣru]
rio acima	axınla yuxarıya doğru	[a'χınla juχarı'ja do'ɣru]

inundação (f)	daşqın	[daʃ'gın]
cheia (f)	sel	['sɛl]
transbordar (vi)	daşmaq	[daʃ'mah]
inundar (vt)	su basmaq	['su bas'mah]

banco (m) de areia	say	['saj]
corredeira (f)	kandar	[kan'dar]

barragem (f)	bənd	['bænd]
canal (m)	kanal	[ka'nal]
reservatório (m) de água	su anbarı	['su anba'rı]
eclusa (f)	şlyuz	['ʃlʲuz]

corpo (m) de água	nohur	[no'hur]
pântano (m)	bataqlıq	[batag'lıh]
lamaçal (m)	bataq	[ba'tah]
redemoinho (m)	qıjov	[gı'ʒov]

riacho (m)	kiçik çay	[ki'tʃik 'tʃaj]
potável (adj)	içməli	[itʃmæ'li]
doce (água)	şirin	[ʃi'rin]

| gelo (m) | buz | ['buz] |
| congelar-se (vr) | donmaq | [don'mah] |

170. Floresta

| floresta (f), bosque (m) | meşə | [mɛ'ʃæ] |
| florestal (adj) | meşə | [mɛ'ʃæ] |

mata (f) fechada	sıx meşəlik	['sıx mɛʃæ'lik]
arvoredo (m)	ağaclıq	[aɣadʒ'lıh]
clareira (f)	tala	[ta'la]

| matagal (m) | cəngəllik | [dʒ'æŋgæl'lik] |
| mato (m), caatinga (f) | kolluq | [kol'l'uh] |

| pequena trilha (f) | cığır | [dʒ'ı'ɣır] |
| ravina (f) | yarğan | [jar'ɣan] |

árvore (f)	ağac	[a'ɣadʒ']
folha (f)	yarpaq	[jar'pah]
folhagem (f)	yarpaqlar	[jarpag'lar]

queda (f) das folhas	yarpağın tökülməsi	[jarpa'ɣın tøkylmæ'si]
cair (vi)	tökülmək	[tøkyl'mæk]
topo (m)	baş	['baʃ]

ramo (m)	budaq	[bu'dah]
galho (m)	budaq	[bu'dah]
botão (m)	tumurcuq	[tumur'dʒyh]
agulha (f)	iynə	[ij'næ]
pinha (f)	qoza	[go'za]

buraco (m) de árvore	oyuq	[o'juh]
ninho (m)	yuva	[ju'va]
toca (f)	yuva	[ju'va]

tronco (m)	gövdə	[gøv'dæ]
raiz (f)	kök	['køk]
casca (f) de árvore	qabıq	[ga'bıh]
musgo (m)	mamır	[ma'mır]

arrancar pela raiz	kötük çıxarmaq	[kø'tyk tʃıxar'mah]
cortar (vt)	kəsmək	[kæs'mæk]
desflorestar (vt)	qırıb qurtarmaq	[gı'rıp gurtar'mah]
toco, cepo (m)	kötük	[kø'tyk]

fogueira (f)	tonqal	[ton'gal]
incêndio (m) florestal	yanğın	[jan'ɣın]
apagar (vt)	söndürmək	[søndyr'mæk]
guarda-parque (m)	meşəbəyi	[mɛʃæbæ'jı]

proteção (f)	qoruma	[goru'ma]
proteger (a natureza)	mühafizə etmək	[myhafi'zæ ɛt'mæk]
caçador (m) furtivo	brakonyer	[brako'njɛr]
armadilha (f)	tələ	[tæ'læ]

| colher (cogumelos, bagas) | yığmaq | [jɪ'ɣmah] |
| perder-se (vr) | yolu azmaq | [jo'lʲu az'mah] |

171. Recursos naturais

recursos (m pl) naturais	təbii ehtiyatlar	[tæbi'i ɛhtijat'lar]
minerais (m pl)	yeraltı sərvətlər	[ɛral'tɪ særvæt'lær]
depósitos (m pl)	yataqlar	[jatag'lar]
jazida (f)	yataq	[ja'tah]

extrair (vt)	hasil etmək	[ha'sil ɛt'mæk]
extração (f)	hasilat	[hasi'lat]
minério (m)	filiz	[fi'liz]
mina (f)	mədən	[mæ'dæn]
poço (m) de mina	quyu	[gu'ju]
mineiro (m)	şaxtaçı	['ʃaxtatʃɪ]

| gás (m) | qaz | ['gaz] |
| gasoduto (m) | qaz borusu | ['gaz boru'su] |

petróleo (m)	neft	['nɛft]
oleoduto (m)	neft borusu	['nɛft boru'su]
poço (m) de petróleo	neft qülləsi	['nɛft gyllæ'si]
torre (f) petrolífera	neft buruğu	['nɛft buru'ɣu]
petroleiro (m)	tanker	['tankɛr]

areia (f)	qum	['gum]
calcário (m)	əhəngdaşı	[æhæŋgda'ʃɪ]
cascalho (m)	çınqıl	[tʃɪn'gɪl]
turfa (f)	torf	['torf]
argila (f)	gil	['gil]
carvão (m)	kömür	[kø'myr]

ferro (m)	dəmir	[dæ'mir]
ouro (m)	qızıl	[gɪ'zɪl]
prata (f)	gümüş	[gy'myʃ]
níquel (m)	nikel	['nikɛl]
cobre (m)	mis	['mis]

| zinco (m) | sink | ['sink] |
| manganês (m) | manqan | [man'gan] |

| mercúrio (m) | civə | [dʒi'væ] |
| chumbo (m) | qurğuşun | [gurɣu'ʃun] |

mineral (m)	mineral	[minɛ'ral]
cristal (m)	kristal	[kris'tal]
mármore (m)	mərmər	[mær'mær]
urânio (m)	uran	[u'ran]

A Terra. Parte 2

172. Tempo

tempo (m)	hava	[ha'va]
previsão (f) do tempo	hava proqnozu	[ha'va progno'zu]
temperatura (f)	temperatur	[tɛmpɛra'tur]
termômetro (m)	istilik ölçən	[isti'lik øl'ʧæn]
barômetro (m)	barometr	[ba'romɛtr]
umidade (f)	rütubət	[rytu'bæt]
calor (m)	çox isti hava	['ʧoχ is'ti ha'va]
tórrido (adj)	çox isti	['ʧoχ is'ti]
está muito calor	çox istidir	['ʧoχ is'tidir]
está calor	istidir	[is'tidir]
quente (morno)	isti	[is'ti]
está frio	soyuqdur	[so'jugdur]
frio (adj)	soyuq	[so'juh]
sol (m)	günəş	[gy'næʃ]
brilhar (vi)	içıq saçmaq	[i'ʃɨh saʧ'mah]
de sol, ensolarado	günəşli	[gynæʃ'li]
nascer (vi)	çıxmaq	[ʧɨχ'mah]
pôr-se (vr)	batmaq	[bat'mah]
nuvem (f)	bulud	[bu'lʲud]
nublado (adj)	buludlu	[bulʲud'lʲu]
nuvem (f) preta	qara bulud	[ga'ra bu'lʲud]
escuro, cinzento (adj)	tutqun	[tut'gun]
chuva (f)	yağış	[ja'ɣɨʃ]
está a chover	yağır	[ja'ɣɨr]
chuvoso (adj)	yağışlı	[jaɣɨʃ'lɨ]
chuviscar (vi)	çiskinləmək	[ʧiskinlæ'mæk]
chuva (f) torrencial	şiddətli yağış	[ʃiddæt'li ja'ɣɨʃ]
aguaceiro (m)	sel	['sɛl]
forte (chuva, etc.)	şiddətli	[ʃiddæt'li]
poça (f)	su gölməçəsi	['su gølmæʧæ'si]
molhar-se (vr)	islanmaq	[islan'mah]
nevoeiro (m)	duman	[du'man]
de nevoeiro	dumanlı	[duman'lɨ]
neve (f)	qar	['gar]
está nevando	qar yağır	['gar ja'ɣɨr]

173. Tempo extremo. Catástrofes naturais

trovoada (f)	tufan	[tu'fan]
relâmpago (m)	şimşək	[ʃim'ʃæk]
relampejar (vi)	çaxmaq	[tʃaχ'mah]
trovão (m)	göy gurultusu	[gøj gyrultu'su]
trovejar (vi)	guruldamaq	[gurulda'mah]
está trovejando	göy guruldayır	[gøj gyrulda'jɪr]
granizo (m)	dolu	[do' lʲu]
está caindo granizo	dolu yağır	[do'lʲu ja'ɣɪr]
inundar (vt)	su basmaq	['su bas'mah]
inundação (f)	daşqın	[daʃ'gɪn]
terremoto (m)	zəlzələ	[zælzæ'læ]
abalo, tremor (m)	təkan	[tæ'kan]
epicentro (m)	mərkəz	[mær'kæz]
erupção (f)	püskürmə	[pyskyr'mæ]
lava (f)	lava	['lava]
tornado (m)	burağan	[bura'ɣan]
tornado (m)	tornado	[tor'nado]
tufão (m)	şiddətli fırtına	[ʃiddæt'li fɪrtɪ'na]
furacão (m)	qasırğa	[gasɪr'ɣa]
tempestade (f)	fırtına	[fɪrtɪ'na]
tsunami (m)	tsunami	[ʦu'nami]
ciclone (m)	siklon	[sik'lon]
mau tempo (m)	pis hava	['pis ha'va]
incêndio (m)	yanğın	[jan'ɣɪn]
catástrofe (f)	fəlakət	[fæla'kæt]
meteorito (m)	meteorit	[mɛtɛo'rit]
avalanche (f)	qar uçqunu	['gar utʃgu'nu]
deslizamento (m) de neve	qar uçqunu	['gar utʃgu'nu]
nevasca (f)	çovğun	[tʃov'ɣun]
tempestade (f) de neve	boran	[bo'ran]

Fauna

174. Mamíferos. Predadores

predador (m)	yırtıcı	[jɪrtɪ'dʒʲɪ]
tigre (m)	pələng	[pæ'lænh]
leão (m)	şir	['ʃir]
lobo (m)	canavar	[dʒʲana'var]
raposa (f)	tülkü	[tyl'ky]

jaguar (m)	yaquar	[jagu'ar]
leopardo (m)	leopard	[lɛo'pard]
chita (f)	gepard	[gɛ'pard]

pantera (f)	panter	[pan'tɛr]
puma (m)	puma	['puma]
leopardo-das-neves (m)	qar bəbiri	['gar bæbi'ri]
lince (m)	vaşaq	[va'ʃah]

coiote (m)	koyot	[ko'jot]
chacal (m)	çaqqal	[tʃak'kal]
hiena (f)	kaftar	[kʲaf'tar]

175. Animais selvagens

| animal (m) | heyvan | [hɛj'van] |
| besta (f) | vəhşi heyvan | [væh'ʃi hɛj'van] |

esquilo (m)	sincab	[sin'dʒʲap]
ouriço (m)	kirpi	[kir'pi]
lebre (f)	dovşan	[dov'ʃan]
coelho (m)	ev dovşanı	['ɛv dovʃa'nı]

texugo (m)	porsuq	[por'suh]
guaxinim (m)	yenot	[ɛ'not]
hamster (m)	dağsiçanı	['daɣsitʃanı]
marmota (f)	marmot	[mar'mot]

toupeira (f)	köstəbək	[køstæ'bæk]
rato (m)	siçan	[si'tʃan]
ratazana (f)	siçovul	[sitʃo'vul]
morcego (m)	yarasa	[jara'sa]

arminho (m)	sincab	[sin'dʒʲap]
zibelina (f)	samur	[sa'mur]
marta (f)	dələ	[dæ'læ]
doninha (f)	gəlincik	[gɛlin'dʒʲik]
visom (m)	su samuru	['su samu'ru]

| castor (m) | qunduz | [gun'duz] |
| lontra (f) | susamuru | [susamu'ru] |

cavalo (m)	at	['at]
alce (m)	sığın	[sı'ɣın]
veado (m)	maral	[ma'ral]
camelo (m)	dəvə	[dæ'væ]

bisão (m)	bizon	[bi'zon]
auroque (m)	zubr	['zubr]
búfalo (m)	camış	[dʒ'a'mıʃ]

zebra (f)	zebra	['zɛbra]
antílope (m)	antilop	[anti'lop]
corça (f)	cüyür	[dʒy'jur]
gamo (m)	xallı maral	[ɣal'lı ma'ral]
camurça (f)	dağ keçisi	['daɣ kɛtʃi'si]
javali (m)	qaban	[ga'ban]

baleia (f)	balina	[ba'lina]
foca (f)	suiti	[sui'ti]
morsa (f)	morj	['morʒ]
urso-marinho (m)	dəniz pişiyi	[dæ'niz piʃi'jı]
golfinho (m)	delfin	[dɛl'fin]

urso (m)	ayı	[a'jı]
urso (m) polar	ağ ayı	['aɣ a'jı]
panda (m)	panda	['panda]

macaco (m)	meymun	[mɛj'mun]
chimpanzé (m)	şimpanze	[ʃimpan'zɛ]
orangotango (m)	oranqutan	[orangu'tan]
gorila (m)	qorilla	[go'rilla]
macaco (m)	makaka	[ma'kaka]
gibão (m)	gibbon	[gib'bon]

elefante (m)	fil	['fil]
rinoceronte (m)	kərgədən	[kærgæ'dan]
girafa (f)	zürafə	[zyra'fæ]
hipopótamo (m)	begemot	[bɛgɛ'mot]

| canguru (m) | kenquru | [kɛngu'ru] |
| coala (m) | koala | [ko'ala] |

mangusto (m)	manqust	[man'gust]
chinchila (f)	şinşilla	[ʃin'ʃila]
cangambá (f)	skuns	['skuns]
porco-espinho (m)	oxlu kirpi	[oɣ'lʲu kir'pi]

176. Animais domésticos

gata (f)	pişik	[pi'ʃık]
gato (m) macho	pişik	[pi'ʃik]
cão (m)	it	['it]

cavalo (m)	at	['at]
garanhão (m)	ayğır	[aj'ɣır]
égua (f)	madyan	[ma'djan]

vaca (f)	inek	[i'næk]
touro (m)	buğa	[bu'ɣa]
boi (m)	öküz	[ø'kyz]

ovelha (f)	qoyun	[go'jun]
carneiro (m)	qoyun	[go'jun]
cabra (f)	keçi	[kɛ'ʧi]
bode (m)	erkek keçi	[ɛr'kæk kɛ'ʧi]

| burro (m) | eşşek | [ɛ'ʃʃæk] |
| mula (f) | qatır | [ga'tır] |

porco (m)	donuz	[do'nuz]
leitão (m)	çoşka	[ʧoʃ'ka]
coelho (m)	ev dovşanı	['ɛv dovʃa'nı]

| galinha (f) | toyuq | [to'juh] |
| galo (m) | xoruz | [ɣo'ruz] |

pata (f), pato (m)	ördek	[ør'dæk]
pato (m)	yaşılbaş	[jaʃıl'baʃ]
ganso (m)	qaz	['gaz]

| peru (m) | hind xoruzu | ['hind ɣoru'zu] |
| perua (f) | hind toyuğu | ['hind toju'ɣu] |

animais (m pl) domésticos	ev heyvanları	['æv hɛjvanla'rı]
domesticado (adj)	ehlileşdirilmiş	[æhlilæʃdiril'miʃ]
domesticar (vt)	ehlileşdirmek	[æhlilæʃdir'mæk]
criar (vt)	yetişdirmek	[ɛtiʃdir'mæk]

fazenda (f)	ferma	['fɛrma]
aves (f pl) domésticas	ev quşları	['ɛv guʃla'rı]
gado (m)	mal-qara	['mal ga'ra]
rebanho (m), manada (f)	sürü	[sy'ry]

estábulo (m)	tövle	[tøv'læ]
chiqueiro (m)	donuz damı	[do'nuz da'mı]
estábulo (m)	inek damı	[i'næk da'mı]
coelheira (f)	ev dovşanı saxlanılan yer	['æv dovʃa'nı saɣlanı'lan 'ɛr]
galinheiro (m)	toyuq damı	[to'juh da'mı]

177. Cães. Raças de cães

cão (m)	it	['it]
cão pastor (m)	çoban iti	[ʧo'ban i'ti]
poodle (m)	pudel	['pudɛl]
linguicinha (m)	taksa	['taksa]
buldogue (m)	buldoq	[bul'doh]
boxer (m)	boksyor	[boks'jor]

mastim (m)	mastif	[mas'tif]
rottweiler (m)	rotveyler	[rot'vɛjlɛr]
dóberman (m)	doberman	[dobɛr'man]

basset (m)	basset	['bassɛt]
pastor inglês (m)	bobteyl	[bob'tɛjl]
dálmata (m)	dalmat iti	[dal'mat i'ti]
cocker spaniel (m)	koker-spaniel	['kokɛr spani'ɛl]

terra-nova (m)	nyufaundlend	[nju'faundlɛnd]
são-bernardo (m)	senbernar	[sɛnbɛr'nar]

husky (m) siberiano	xaski	['χaski]
Chow-chow (m)	çau-çau	['ʧau 'ʧau]
spitz alemão (m)	şpis	['ʃpiʦ]
pug (m)	mops	['mops]

178. Sons produzidos pelos animais

latido (m)	hürmə	[hyr'mæ]
latir (vi)	hürmək	[hyr'mæk]
miar (vi)	miyovlamaq	[mijovla'mah]
ronronar (vi)	mırıldamaq	[mırılda'mah]

mugir (vaca)	movuldamaq	[movulda'mah]
bramir (touro)	böyürmək	[bøyr'mæk]
rosnar (vi)	nərildəmək	[nærildæ'mæk]

uivo (m)	ulama	[ula'ma]
uivar (vi)	ulamaq	[ula'mah]
ganir (vi)	zingildəmək	[zingildæ'mæk]

balir (vi)	mələmək	[mælæ'mæk]
grunhir (vi)	xortuldamaq	[χortulda'mah]
guinchar (vi)	ciyildəmək	[ʤijıldæ'mæk]

coaxar (sapo)	vaqqıltı	[vakkıl'tı]
zumbir (inseto)	vızıldamaq	[vızılda'mah]
ziziar (vi)	cırıldamaq	[ʤırılda'mah]

179. Pássaros

pássaro (m), ave (f)	quş	['guʃ]
pombo (m)	göyərçin	[gøjær'ʧin]
pardal (m)	sərçə	[sær'ʧæ]
chapim-real (m)	arıquşu	[arıgu'ʃu]
pega-rabuda (f)	sağsağan	[saɣsa'ɣan]

corvo (m)	qarğa	[gar'ɣa]
gralha-cinzenta (f)	qarğa	[gar'ɣa]
gralha-de-nuca-cinzenta (f)	dolaşa	[dola'ʃa]
gralha-calva (f)	zağca	[zaɣ'ʤa]

pato (m)	ördək	[ør'dæk]
ganso (m)	qaz	['gaz]
faisão (m)	qırqovul	[gırgo'vul]
águia (f)	qartal	[gar'tal]
açor (m)	qırğı	[gır'ɣı]
falcão (m)	şahin	[ʃa'hin]
abutre (m)	qrif	['grif]
condor (m)	kondor	[kon'dor]
cisne (m)	sona	[so'na]
grou (m)	durna	[dur'na]
cegonha (f)	leylək	[lɛj'læk]
papagaio (m)	tutuquşu	[tutugu'ʃu]
beija-flor (m)	kolibri	[ko'libri]
pavão (m)	tovuz	[to'vuz]
avestruz (m)	straus	[st'raus]
garça (f)	vağ	['vaɣ]
flamingo (m)	qızılqaz	[gızıl'gaz]
pelicano (m)	qutan	[gu'tan]
rouxinol (m)	bülbül	[bylʲ'bylʲ]
andorinha (f)	qaranquş	[garan'guʃ]
tordo-zornal (m)	qaratoyuq	[garato'juh]
tordo-músico (m)	ötən qaratoyuq	[ø'tæn garato'juh]
melro-preto (m)	qara qaratoyuq	[ga'ra garato'juh]
andorinhão (m)	uzunqanad	[uzunga'nad]
cotovia (f)	torağay	[tora'ɣaj]
codorna (f)	bidirçin	[bilʲdir'tʃin]
pica-pau (m)	ağacdələn	[aɣadʒʲdæ'læn]
cuco (m)	ququ quşu	[gu'gu gu'ʃu]
coruja (f)	bayquş	[baj'guʃ]
bufo-real (m)	yapalaq	[japa'lah]
tetraz-grande (m)	Sibir xoruzu	[si'bir ɣoru'zu]
tetraz-lira (m)	tetra quşu	['tɛtra gu'ʃu]
perdiz-cinzenta (f)	kəklik	[kæk'lik]
estorninho (m)	sığırçın	[sıɣır'tʃin]
canário (m)	sarıbülbül	[sarıbylʲ'bylʲ]
galinha-do-mato (f)	qarabağır	[garaba'ɣır]
tentilhão (m)	alacəhrə	[alatʃæh'ræ]
dom-fafe (m)	qar quşu	['gar gu'ʃu]
gaivota (f)	qağayı	[gaga'jı]
albatroz (m)	albatros	[albat'ros]
pinguim (m)	pinqvin	[ping'vin]

180. Pássaros. Canto e sons

cantar (vi)	oxumaq	[oɣu'mah]
gritar, chamar (vi)	çığırmaq	[tʃıɣır'mah]

| cantar (o galo) | banlamaq | [banla'mah] |
| cocorocó (m) | quqquluqu | [gukkulʲu'gu] |

cacarejar (vi)	qaqqıldamaq	[gakkılda'mah]
crocitar (vi)	qarıldamaq	[garılda'mah]
grasnar (vi)	vaqqıldamaq	[vakkılda'mah]
piar (vi)	ciyildəmək	[ʤʲijıldæ'mæk]
chilrear, gorjear (vi)	cəh-cəh vurmaq	['ʤʲæh 'ʤʲæh vur'mah]

181. Peixes. Animais marinhos

brema (f)	çapaq	[tʃa'pah]
carpa (f)	karp	['karp]
perca (f)	xanı balığı	[χa'nı balı'ɣı]
siluro (m)	naqqa	[nak'ka]
lúcio (m)	durnabalığı	[durnabalı'ɣı]

| salmão (m) | qızılbalıq | [gızılba'lıh] |
| esturjão (m) | nərə balığı | [næ'ræ balı'ɣı] |

| arenque (m) | siyənək | [sijæ'næk] |
| salmão (m) do Atlântico | somğa | [som'ɣa] |

| cavala, sarda (f) | skumbriya | ['skumbrija] |
| solha (f), linguado (m) | qalxan balığı | [gal'χan balı'ɣı] |

| lúcio perca (m) | suf balığı | ['suf balı'ɣı] |
| bacalhau (m) | treska | [trɛs'ka] |

| atum (m) | tunes | [tu'nɛs] |
| truta (f) | alabalıq | [alaba'lıh] |

| enguia (f) | angvil balığı | [ang'vil balı'ɣı] |
| raia (f) elétrica | elektrikli skat | [ɛlɛktrik'li 'skat] |

| moreia (f) | müren balığı | [my'rɛn balı'ɣı] |
| piranha (f) | piranya balığı | [pi'ranja balı'ɣı] |

tubarão (m)	köpək balığı	[kø'pæk balı'ɣı]
golfinho (m)	delfin	[dɛl'fin]
baleia (f)	balina	[ba'lina]

caranguejo (m)	qısaquyruq	[gısaguj'ruh]
água-viva (f)	meduza	[mɛ'duza]
polvo (m)	səkkizayaqlı ilbiz	[sækkizajag'lı il'biz]

estrela-do-mar (f)	dəniz ulduzu	[dæ'niz uldu'zu]
ouriço-do-mar (m)	dəniz kirpisi	[dæ'niz kirpi'si]
cavalo-marinho (m)	dəniz atı	[dæ'niz a'tı]

ostra (f)	istridyə	[istri'dʲæ]
camarão (m)	krevet	[krɛ'vɛt]
lagosta (f)	omar	[o'mar]
lagosta (f)	lanqust	[lan'gust]

182. Anfíbios. Répteis

cobra (f)	ilan	[i'lan]
venenoso (adj)	zəhərli	[zæhær'li]
víbora (f)	gürzə	[gyr'zæ]
naja (f)	kobra	['kobra]
píton (m)	piton	[pi'ton]
jiboia (f)	boa	[bo'a]
cobra-de-água (f)	koramal	[kora'mal]
cascavel (f)	zınqırovlu ilan	[zıngırov'lʲu i'lan]
anaconda (f)	anakonda	[ana'konda]
lagarto (m)	kərtənkələ	[kærtænkæ'læ]
iguana (f)	iquana	[igu'ana]
varano (m)	çöl kərtənkələsi	[tʃœl kærtænkælæ'si]
salamandra (f)	salamandr	[sala'mandr]
camaleão (m)	buğələmun	[buɣælæ'mun]
escorpião (m)	əqrəb	[æg'ræp]
tartaruga (f)	tısbağa	[tısba'ɣa]
rã (f)	qurbağa	[gurba'ɣa]
sapo (m)	quru qurbağası	[gu'ru gurbaɣa'sı]
crocodilo (m)	timsah	[tim'sah]

183. Insetos

inseto (m)	həşarat	[hæʃa'rat]
borboleta (f)	kəpənək	[kæpæ'næk]
formiga (f)	qarışqa	[garıʃ'ga]
mosca (f)	milçək	[mil'tʃæk]
mosquito (m)	ağcaqanad	[aɣdʒʲaga'nad]
escaravelho (m)	böcək	[bø'dʒʲæk]
vespa (f)	arı	[a'rı]
abelha (f)	bal arısı	['bal arı'sı]
mamangaba (f)	eşşək arısı	[ɛ'ʃʃæk arı'sı]
moscardo (m)	mozalan	[moza'lan]
aranha (f)	hörümçək	[hørym'tʃæk]
teia (f) de aranha	hörümçək toru	[hørym'tʃæk toru]
libélula (f)	cırcırama	[dʒʲırdʒʲıra'ma]
gafanhoto (m)	şala cırcıraması	[ʃa'la dʒʲırdʒʲırama'sı]
traça (f)	pərvanə	[pærva'næ]
barata (f)	tarakan	[tara'kan]
carrapato (m)	gənə	[gæ'næ]
pulga (f)	birə	[bi'ræ]
borrachudo (m)	mığmığa	[mıɣmı'ɣa]
gafanhoto (m)	çəyirtkə	[tʃæjırt'kæ]
caracol (m)	ilbiz	[il'biz]

grilo (m)	sisəy	[si'sæj]
pirilampo, vaga-lume (m)	işıldaquş	[iʃılda'guʃ]
joaninha (f)	xanımböcəyi	[xanımbødʒ'æ'jı]
besouro (m)	may böcəyi	['maj bødʒ'æ'jı]

sanguessuga (f)	zəli	[zæ'li]
lagarta (f)	kəpənək qurdu	[kæpæ'næk gur'du]
minhoca (f)	qurd	['gurd]
larva (f)	sürfə	[syr'fæ]

184. Animais. Partes do corpo

bico (m)	dimdik	[dim'dik]
asas (f pl)	qanadlar	[ganad'lar]
pata (f)	pəncə	[pæn'dʒ'æ]
plumagem (f)	tük	['tyk]
pena, pluma (f)	lələk	[læ'læk]
crista (f)	kəkil	[kæ'kil]

brânquias, guelras (f pl)	qəlsəmə	[gælsæ'mæ]
ovas (f pl)	kürü	[ky'ry]
larva (f)	sürfə	[syr'fæ]
barbatana (f)	üzgəc	[yz'gædʒ']
escama (f)	pul	['pul]

presa (f)	köpək dişi	[kø'pæk di'ʃi]
pata (f)	pəncə	[pæn'dʒ'æ]
focinho (m)	üz	['yz]
boca (f)	ağız	[a'ɣız]
cauda (f), rabo (m)	quyruq	[guj'ruh]
bigodes (m pl)	bığ	['bıɣ]

| casco (m) | dırnaq | [dır'nah] |
| corno (m) | buynuz | [buj'nuz] |

carapaça (f)	qın	['gın]
concha (f)	balıqqulağı	[balıkkula'ɣı]
casca (f) de ovo	qabıq	[ga'bıh]

| pelo (m) | yun | ['jun] |
| pele (f), couro (m) | dəri | [dæ'ri] |

185. Animais. Habitats

| hábitat (m) | yaşayış mühiti | [jaʃa'jıʃ myhi'ti] |
| migração (f) | köç | ['køtʃ] |

montanha (f)	dağ	['daɣ]
recife (m)	rif	['rif]
falésia (f)	qaya	[ga'ja]
floresta (f)	meşə	[mɛ'ʃæ]
selva (f)	cəngəllik	[dʒ'æængæl'lik]

savana (f)	**savanna**	[sa'vanna]
tundra (f)	**tundra**	['tundra]
estepe (f)	**çöl**	['ʧœl]
deserto (m)	**səhra**	[sæh'ra]
oásis (m)	**oazis**	[o'azis]
mar (m)	**dəniz**	[dæ'niz]
lago (m)	**göl**	['gølʲ]
oceano (m)	**okean**	[okɛ'an]
pântano (m)	**bataqlıq**	[batag'lıh]
de água doce	**şirin sulu**	[ʃi'rin su'lʲu]
lagoa (f)	**gölcük**	[gølʲ'ʤyk]
rio (m)	**çay**	['ʧaj]
toca (f) do urso	**ayı yuvası**	[a'jı juva'sı]
ninho (m)	**yuva**	[ju'va]
buraco (m) de árvore	**oyuq**	[o'juh]
toca (f)	**yuva**	[ju'va]
formigueiro (m)	**qarışqa yuvası**	[garıʃ'ga juva'sı]

Flora

186. Árvores

árvore (f)	ağac	[a'ɣadʒ¹]
decídua (adj)	yarpaqlı	[jarpag'lı]
conífera (adj)	iynəli	[ijnæ'li]
perene (adj)	həmişəyaşıl	[hæmiʃæja'ʃil]
macieira (f)	alma	[al'ma]
pereira (f)	armud	[ar'mud]
cerejeira (f)	gilas	[gi'las]
ginjeira (f)	albalı	[alba'lı]
ameixeira (f)	gavalı	[gava'lı]
bétula (f)	tozağacı	[tozaɣa'dʒ¹ı]
carvalho (m)	palıd	[pa'lıd]
tília (f)	cökə	[dʒ¹ø'kæ]
choupo-tremedor (m)	ağcaqovaq	[aɣdʒ¹ago'vah]
bordo (m)	ağcaqayın	[aɣdʒ¹aga'jın]
espruce (m)	küknar	[kyk'nar]
pinheiro (m)	şam	['ʃam]
alerce, lariço (m)	qara şam ağacı	[ga'ra 'ʃam aɣa'dʒ¹ı]
abeto (m)	ağ şam ağacı	['aɣ 'ʃam aɣadʒ¹ı]
cedro (m)	sidr	['sidr]
choupo, álamo (m)	qovaq	[go'vah]
tramazeira (f)	quşarmudu	[guʃarmu'du]
salgueiro (m)	söyüd	[sø'jud]
amieiro (m)	qızılağac	[gızıla'ɣadʒ¹]
faia (f)	fıstıq	[fıs'tıh]
ulmeiro, olmo (m)	qarağac	[gara'ɣadʒ¹]
freixo (m)	göyrüş	[gøj'ryʃ]
castanheiro (m)	şabalıd	[ʃaba'lıd]
magnólia (f)	maqnoliya	[mag'nolija]
palmeira (f)	palma	['palma]
cipreste (m)	serv	['særv]
mangue (m)	manqra ağacı	['mangra aɣa'dʒ¹ı]
embondeiro, baobá (m)	baobab	[bao'bap]
eucalipto (m)	evkalipt	[ɛvka'lipt]
sequoia (f)	sekvoya	[sɛk'voja]

187. Arbustos

arbusto (m)	kol	['køl]
arbusto (m), moita (f)	kolluq	[kol'lʲuh]

videira (f)	üzüm	[y'zym]
vinhedo (m)	üzüm bağı	[y'zym ba'ɣɪ]
framboeseira (f)	moruq	[mo'ruh]
groselheira-vermelha (f)	qırmızı qarağat	[gɪrmɪ'zɪ gara'ɣat]
groselheira (f) espinhosa	krıjovnik	[krɪ'ʒovnik]
acácia (f)	akasiya	[a'kasija]
bérberis (f)	zərinc	[zæ'rindʒʲ]
jasmim (m)	jasmin	[ʒas'min]
junípero (m)	ardıc kolu	[ar'dɪdʒʲ ko'lʲu]
roseira (f)	qızılgül kolu	[gɪzɪl'gylʲ ko'lʲu]
roseira (f) brava	itburnu	[itbur'nu]

188. Cogumelos

cogumelo (m)	göbələk	[gøbæ'læk]
cogumelo (m) comestível	yeməli göbələk	[ɛmæ'li gøbæ'læk]
cogumelo (m) venenoso	zəhərli göbələk	[zæhær'li gøbæ'læk]
chapéu (m)	papaq	[pa'pah]
pé, caule (m)	gövdə	[gøv'dæ]
boleto, porcino (m)	ağ göbələk	['aɣ gøbæ'læk]
boleto (m) alaranjado	qırmızıbaş göbələk	[gɪrmɪzɪ'baʃ gøbæ'læk]
boleto (m) de bétula	qara göbələk	[ga'ra gøbæ'læk]
cantarelo (m)	sarı göbələk	[sa'rɪ gøbæ'læk]
rússula (f)	zol-zol papaqlı göbələk	['zol 'zol papag'lɪ gøbæ'læk]
morchella (f)	quzugöbələyi	[guzugøbælæ'jɪ]
agário-das-moscas (m)	milşəkqıran	[miltʃækgɪ'ran]
cicuta (f) verde	zəhərli göbələk	[zæhær'li gøbæ'læk]

189. Frutos. Bagas

maçã (f)	alma	[al'ma]
pera (f)	armud	[ar'mud]
ameixa (f)	gavalı	[gava'lɪ]
morango (m)	bağ çiyələyi	['baɣ tʃijælæ'jɪ]
ginja (f)	albalı	[alba'lɪ]
cereja (f)	gilas	[gi'las]
uva (f)	üzüm	[y'zym]
framboesa (f)	moruq	[mo'ruh]
groselha (f) negra	qara qarağat	[ga'ra gara'ɣat]
groselha (f) vermelha	qırmızı qarağat	[gɪrmɪ'zɪ gara'ɣat]
groselha (f) espinhosa	krıjovnik	[krɪ'ʒovnik]
oxicoco (m)	quşüzümü	[guʃyzy'my]
laranja (f)	portağal	[porta'ɣal]
tangerina (f)	mandarin	[manda'rin]

abacaxi (m)	ananas	[ana'nas]
banana (f)	banan	[ba'nan]
tâmara (f)	xurma	[χur'ma]

limão (m)	limon	[li'mon]
damasco (m)	ərik	[æ'rik]
pêssego (m)	şaftalı	[ʃafta'lı]
quiuí (m)	kivi	['kivi]
toranja (f)	qreypfrut	['grɛjpfrut]

baga (f)	giləmeyvə	[gilæmɛj'væ]
bagas (f pl)	giləmeyvələr	[gilæmɛjvæ'lær]
arando (m) vermelho	mərsin	[mær'sin]
morango-silvestre (m)	çiyələk	[tʃijæ'læk]
mirtilo (m)	qaragilə	[garagi'læ]

190. Flores. Plantas

| flor (f) | gül | ['gylʲ] |
| buquê (m) de flores | gül dəstəsi | ['gylʲ dæstæ'si] |

rosa (f)	qızılgül	[gızıl'gylʲ]
tulipa (f)	lalə	[la'læ]
cravo (m)	qərənfil	[gæræn'fil]
gladíolo (m)	qladiolus	[gladi'olʲus]

centáurea (f)	peyğəmbərçiçəyi	[pɛjɣæmbærtʃitʃæ'jı]
campainha (f)	zəngçiçəyi	[zængtʃitʃæ'jı]
dente-de-leão (m)	zəncirotu	[zændʒʲiro'tu]
camomila (f)	çobanyastığı	[tʃobanjastı'ɣı]

aloé (m)	əzvay	[æz'vaj]
cacto (m)	kaktus	['kaktus]
fícus (m)	fikus	['fikus]

lírio (m)	zanbaq	[zan'bah]
gerânio (m)	ətirşah	[ætir'ʃah]
jacinto (m)	giasint	[gia'sint]

mimosa (f)	küsdüm ağacı	[kys'dym aɣa'dʒʲı]
narciso (m)	nərgizgülü	[nærgizgy'ly]
capuchinha (f)	ərikgülü	[ærikgy'ly]

orquídea (f)	səhləb çiçəyi	[sæh'læp tʃitʃæ'jı]
peônia (f)	pion	[pi'on]
violeta (f)	bənövşə	[bænøv'ʃæ]

amor-perfeito (m)	alabəzək bənövşə	[alabæ'zæk bænøv'ʃæ]
não-me-esqueças (m)	yaddaş çiçəyi	[jad'daʃ tʃitʃæ'jı]
margarida (f)	qızçiçəyi	[gıztʃitʃæ'jı]

papoula (f)	lalə	[la'læ]
cânhamo (m)	çətənə	[tʃætæ'næ]
hortelã, menta (f)	nanə	[na'næ]

| lírio-do-vale (m) | inciçiçəyi | [indʒ'itʃitʃæ'jı] |
| campânula-branca (f) | novruzgülü | [novruzgy'ly] |

urtiga (f)	gicitkən	[gitʃit'kæn]
azedinha (f)	quzuqulağı	[guzugula'ɣı]
nenúfar (m)	ağ suzanbağı	['aɣ suzanba'ɣı]
samambaia (f)	ayıdöşəyi	[ajıdøʃæ'jı]
líquen (m)	şibyə	[ʃib'jæ]

estufa (f)	oranjereya	[oranʒɛ'rɛja]
gramado (m)	qazon	[ga'zon]
canteiro (m) de flores	çiçək ləki	[tʃi'tʃæk læ'ki]

planta (f)	bitki	[bit'ki]
grama (f)	ot	['ot]
folha (f) de grama	ot saplağı	['ot sapla'ɣı]

folha (f)	yarpaq	[jar'pah]
pétala (f)	ləçək	[læ'tʃæk]
talo (m)	saplaq	[sap'lah]
tubérculo (m)	kök yumrusu	[køk jumru'su]

| broto, rebento (m) | cücərti | [dʒydʒ'ær'ti] |
| espinho (m) | tikan | [ti'kan] |

florescer (vi)	çiçək açmaq	[tʃi'tʃæk atʃ'mah]
murchar (vi)	solmaq	[sol'mah]
cheiro (m)	ətir	[æ'tir]
cortar (flores)	kəsmək	[kæs'mæk]
colher (uma flor)	dərmək	[dær'mæk]

191. Cereais, grãos

grão (m)	dən	['dæn]
cereais (plantas)	dənli bitkilər	[dæn'li bitki'lær]
espiga (f)	sümbül	[sym'bylʲ]

trigo (m)	taxıl	[ta'χıl]
centeio (m)	covdar	[dʒʲov'dar]
aveia (f)	yulaf	[ju'laf]
painço (m)	darı	[da'rı]
cevada (f)	arpa	[ar'pa]

milho (m)	qarğıdalı	[garɣıda'lı]
arroz (m)	düyü	[dy'ju]
trigo-sarraceno (m)	qarabaşaq	[garaba'ʃah]

ervilha (f)	noxud	[no'χud]
feijão (m) roxo	lobya	[lo'bja]
soja (f)	soya	['soja]
lentilha (f)	mərcimək	[mærdʒʲi'mæk]
feijão (m)	paxla	[paχ'la]

GEOGRAFIA REGIONAL

Países. Nacionalidades

192. Política. Governo. Parte 1

política (f)	siyasət	[sija'sæt]
político (adj)	siyasi	[sija'si]
político (m)	siyasətçi	[sijasæ'tʃi]
estado (m)	dövlət	[døv'læt]
cidadão (m)	vətəndaş	[vætæn'daʃ]
cidadania (f)	vətəndaşlıq	[vætændaʃ'lıh]
brasão (m) de armas	milli herb	[mil'li 'hɛrp]
hino (m) nacional	dövlət himni	[døv'læt him'ni]
governo (m)	hökümət	[høky'mæt]
Chefe (m) de Estado	ölkə başçısı	[øl'kæ baʃtʃı'sı]
parlamento (m)	parlament	[par'lamɛnt]
partido (m)	partiya	['partija]
capitalismo (m)	kapitalizm	[kapita'lizm]
capitalista (adj)	kapitalist	[kapita'list]
socialismo (m)	sosializm	[sotsia'lizm]
socialista (adj)	sosialist	[sotsia'list]
comunismo (m)	kommunizm	[kommu'nizm]
comunista (adj)	kommunist	[kommu'nist]
comunista (m)	kommunist	[kommu'nist]
democracia (f)	demokratiya	[dɛmok'ratija]
democrata (m)	demokrat	[dɛmok'rat]
democrático (adj)	demokratik	[dɛmokra'tik]
Partido (m) Democrático	demokratik partiyası	[dɛmokra'tik 'partijası]
liberal (m)	liberal	[libɛ'ral]
liberal (adj)	liberal	[libɛ'ral]
conservador (m)	mühafizəkar	[myhafizæ'kar]
conservador (adj)	mühafizəkar	[myhafizæ'kar]
república (f)	respublika	[rɛs'publika]
republicano (m)	respublikaçı	[rɛs'publikatʃı]
Partido (m) Republicano	respublikaçılar partiyası	[rɛs'publikatʃılar 'partijası]
eleições (f pl)	seçkilər	[sɛtʃki'lær]
eleger (vt)	seçmək	[sɛtʃ'mæk]

| eleitor (m) | seçici | [sɛʧi'ʤ¡i] |
| campanha (f) eleitoral | seçki kampaniyası | [sɛʧ'ki kam'panijası] |

votação (f)	səs vermə	['sæs vɛr'mæ]
votar (vi)	səs vermək	['sæs vɛr'mæk]
sufrágio (m)	səs vermə hüququ	['sæs vɛr'mæ hygu'gu]

candidato (m)	namizəd	[nami'zæd]
candidatar-se (vi)	namizədliyini	[namizædlijı'ni
	irəli sürmək	iræ'li syr'mæk]
campanha (f)	kampaniya	[kam'panija]

| da oposição | müxalif | [myχa'lif] |
| oposição (f) | müxalifət | [myχali'fæt] |

visita (f)	səfər	[sæ'fær]
visita (f) oficial	rəsmi səfər	[ræs'mi sæ'fær]
internacional (adj)	beynəlxalq	[bɛjnæl'χalh]

| negociações (f pl) | danışıqlar | [danıʃıg'lar] |
| negociar (vi) | danışıqlar aparmaq | [danıʃıg'lar apar'mah] |

193. Política. Governo. Parte 2

sociedade (f)	cəmiyyət	[ʤ¡æmi'æt]
constituição (f)	konstitusiya	[konsti'tusija]
poder (ir para o ~)	hakimiyyət	[hakimi'æt]
corrupção (f)	korrupsiya	[kor'rupsija]

| lei (f) | qanun | [ga'nun] |
| legal (adj) | qanuni | [ganu'ni] |

| justeza (f) | ədalət | [æda'læt] |
| justo (adj) | ədalətli | [ædalæt'li] |

comitê (m)	komitə	[komi'tæ]
projeto-lei (m)	qanun layihəsi	[ga'nun laihæ'si]
orçamento (m)	büdcə	[byd'ʤ¡æ]
política (f)	siyasət	[sija'sæt]
reforma (f)	islahat	[isla'hat]
radical (adj)	radikal	[radi'kal]

força (f)	qüdrət	[gyd'ræt]
poderoso (adj)	qüdrətli	[gydræt'li]
partidário (m)	tərəfdar	[tæræf'dar]
influência (f)	təsir	[tæ'sir]

regime (m)	rejim	[rɛ'ʒim]
conflito (m)	münaqişə	[mynagi'ʃæ]
conspiração (f)	sui-qəsd	['sui 'gæsd]
provocação (f)	provokasiya	[provo'kasija]

| derrubar (vt) | devirmək | [dɛvir'mæk] |
| derrube (m), queda (f) | devrilmə | [dɛvril'mæ] |

revolução (f)	inqilab	[ingi'lap]
golpe (m) de Estado	çevriliş	[ʧɛvri'liʃ]
golpe (m) militar	herbi çevriliş	[hær'bi ʧɛvri'liʃ]

crise (f)	böhran	[bøh'ran]
recessão (f) econômica	iqtisadi zeiflemе	[igtisa'di zæiflæ'mæ]
manifestante (m)	nümayişçi	[nymaiʃ'ʧi]
manifestação (f)	nümayiş	[nyma'iʃ]
lei (f) marcial	herbi veziyyet	[hær'bi væzi'æt]
base (f) militar	baza	['baza]

| estabilidade (f) | stabillik | [stabil'lik] |
| estável (adj) | stabil | [sta'bil] |

| exploração (f) | istismar | [istis'mar] |
| explorar (vt) | istismar etmek | [istis'mar ɛt'mæk] |

racismo (m)	irqçilik	[irgʧi'lik]
racista (m)	irqçi	[irg'ʧi]
fascismo (m)	faşizm	[fa'ʃizm]
fascista (m)	faşist	[fa'ʃist]

194. Países. Diversos

estrangeiro (m)	xarici	[χari'dʒi]
estrangeiro (adj)	xarici	[χari'dʒi]
no estrangeiro	xaricde	[χaridʒ'dæ]

emigrante (m)	mühacir	[myha'dʒir]
emigração (f)	mühaciret	[myhadʒi'ræt]
emigrar (vi)	mühaciret etmek	[myhadʒi'ræt ɛt'mæk]

Ocidente (m)	Qerb	['gærp]
Oriente (m)	Şerq	['ʃærh]
Extremo Oriente (m)	Uzaq Şerq	[u'zah 'ʃærh]

civilização (f)	sivilizasiya	[sivili'zasija]
humanidade (f)	beşeriyyet	[bæʃæri'æt]
mundo (m)	dünya	[dy'nja]
paz (f)	emin-amanlıq	[æ'min aman'lıh]
mundial (adj)	dünya	[dy'nja]

pátria (f)	veten	[væ'tæn]
povo (população)	xalq	['χalh]
população (f)	ehali	[æha'li]
gente (f)	adamlar	[adam'lar]
nação (f)	milliyet	[milli'jæt]
geração (f)	nesil	[næ'sil]

território (m)	erazi	[æra'zi]
região (f)	bölqe	[bøl'gæ]
estado (m)	ştat	['ʃtat]
tradição (f)	enene	[ænæ'næ]
costume (m)	adet	[a'dæt]

ecologia (f)	ekoloqiya	[ɛko'logija]
índio (m)	hindi	[hin'di]
cigano (m)	qaraçı	[gara'ʧı]
cigana (f)	qaraçı qadın	[gara'ʧı ga'dın]
cigano (adj)	qaraçı	[gara'ʧı]

império (m)	imperatorluq	[impɛ'ratorlʲuh]
colônia (f)	müstəmləkə	[mystæmlæ'kæ]
escravidão (f)	köləlik	[kølæ'lik]
invasão (f)	basqın	[bas'gın]
fome (f)	aclıq	[aʤ'lıh]

195. Grupos religiosos mais importantes. Confissões

| religião (f) | din | ['din] |
| religioso (adj) | dini | [di'ni] |

crença (f)	etiqad	[ɛti'gad]
crer (vt)	etiqad etmək	[ɛti'gad ɛt'mæk]
crente (m)	dindar	[din'dar]

| ateísmo (m) | ateizm | [atɛ'izm] |
| ateu (m) | ateist | [atɛ'ist] |

cristianismo (m)	xristianlıq	[xristian'lıh]
cristão (m)	xristian	[xristi'an]
cristão (adj)	xristian	[xristi'an]

catolicismo (m)	Katolisizm	[katoli'sizm]
católico (m)	katolik	[ka'tolik]
católico (adj)	katolik	[kato'lik]

protestantismo (m)	Protestantlıq	[protɛstant'lıh]
Igreja (f) Protestante	Protestant kilsəsi	[protɛs'tant kilsæ'si]
protestante (m)	protestant	[protɛs'tant]

ortodoxia (f)	Pravoslavlıq	[pravoslav'lıh]
Igreja (f) Ortodoxa	Pravoslav kilsəsi	[pravos'lav kilsæ'si]
ortodoxo (m)	pravoslav	[pravos'lav]

presbiterianismo (m)	Presviterianlıq	[prɛsvitɛrian'lıh]
Igreja (f) Presbiteriana	Presviterian kilsəsi	[prɛsvitɛri'an kilsæ'si]
presbiteriano (m)	presviterian	[prɛsvitɛri'an]

| luteranismo (m) | Lüteran kilsəsi | [lytɛ'ran kilsæ'si] |
| luterano (m) | lüteran | [lytɛ'ran] |

| Igreja (f) Batista | Baptizm | [bap'tizm] |
| batista (m) | baptist | [bap'tist] |

Igreja (f) Anglicana	Anqlikan kilsəsi	[angli'kan kilsæ'si]
anglicano (m)	anqlikan	[angli'kan]
mormonismo (m)	Mormonluq	[mormon'lʲuh]
mórmon (m)	mormon	[mor'mon]

| Judaísmo (m) | Yahudilik | [jahudi'lik] |
| judeu (m) | yahudi | [jahu'di] |

| budismo (m) | Buddizm | [bud'dizm] |
| budista (m) | buddist | [bud'dist] |

| hinduísmo (m) | Hinduizm | [hindu'izm] |
| hindu (m) | hinduist | [hindu'ist] |

Islã (m)	İslam	[is'lam]
muçulmano (m)	müsəlman	[mysæl'man]
muçulmano (adj)	müsəlman	[mysæl'man]

| xiismo (m) | Şiəlik | [ʃiæ'lik] |
| xiita (m) | şiə | [ʃi'æ] |

| sunismo (m) | Sünnülük | [synny'lyk] |
| sunita (m) | sünnü | [syn'ny] |

196. Religiões. Padres

| padre (m) | keşiş | [kɛ'ʃiʃ] |
| Papa (m) | Roma Papası | ['roma 'papası] |

monge (m)	rahib	[ra'hip]
freira (f)	rahibə	[rahi'bæ]
pastor (m)	pastor	['pastor]

abade (m)	abbat	[ab'bat]
vigário (m)	vikari	[vi'kari]
bispo (m)	yepiskop	[ɛ'piskop]
cardeal (m)	kardinal	[kardi'nal]

pregador (m)	moizəçi	[moizæ'tʃi]
sermão (m)	moizə	[moi'zæ]
paroquianos (pl)	kilsəyə gələn dindarlar	[kilsæ'jæ gæ'læn dindar'lar]

| crente (m) | dindar | [din'dar] |
| ateu (m) | ateist | [atɛ'ist] |

197. Fé. Cristianismo. Islão

| Adão | Adəm | [a'dæm] |
| Eva | Həvva | [hæv'va] |

Deus (m)	Tanrı	[tan'rı]
Senhor (m)	Tanrı	[tan'rı]
Todo Poderoso (m)	Qüdrətli	[gydræt'li]

pecado (m)	günah	[gy'nah]
pecar (vi)	günaha batmaq	[gyna'ha bat'mah]
pecador (m)	günahkar	[gynah'kar]

pecadora (f)	günahkar qadın	[gynah'kar ga'dın]
inferno (m)	cəhənnəm	[dʒ'æhæn'næm]
paraíso (m)	cənnət	[dʒ'æn'næt]

| Jesus | İsa | [i'sa] |
| Jesus Cristo | İsa Məsih | [i'sa mæ'sih] |

Espírito (m) Santo	ruhülqüds	['ruhylgyds]
Salvador (m)	İsa	[i'sa]
Virgem Maria (f)	İsanın anası	[isa'nın ana'sı]

Diabo (m)	Şeytan	[ʃɛj'tan]
diabólico (adj)	şeytan	[ʃɛj'tan]
Satanás (m)	İblis	[ib'lis]
satânico (adj)	iblisanə	[iblisa'næ]

anjo (m)	mələk	[mæ'læk]
anjo (m) da guarda	mühafiz mələk	[myha'fiz mæ'læk]
angelical	mələk	[mæ'læk]

apóstolo (m)	həvvari	[hævva'ri]
arcanjo (m)	Cəbrayıl	[dʒ'æbra'il]
anticristo (m)	dəccəl	[dæ'dʒæl]

Igreja (f)	Kilsə	[kil'sæ]
Bíblia (f)	bibliya	['biblija]
bíblico (adj)	bibliya	['biblija]

Velho Testamento (m)	Əhdi-ətiq	['æhdi æ'tih]
Novo Testamento (m)	Əhdi-cədid	['æhdi dʒ'æ'did]
Evangelho (m)	İncil	[in'dʒ'il]
Sagradas Escrituras (f pl)	əhdi-ətiq	['æhdi æ'tih
	və əhdi-cədid	'væ 'æhdi dʒ'æ'did]
Céu (sete céus)	Səma Səltənəti	[sæ'ma sæltænæ'ti]

mandamento (m)	ehkam	[ɛh'kam]
profeta (m)	peyğəmbər	[pɛjɣæm'bær]
profecia (f)	peyğəmbərlik	[pɛjɣæmbær'lik]

Alá (m)	Allah	[al'lah]
Maomé (m)	Məhəmməd	[mæhæm'mæd]
Alcorão (m)	Quran	[gu'ran]

mesquita (f)	məsçid	[mæs'tʃid]
mulá (m)	molla	[mol'la]
oração (f)	dua	[du'a]
rezar, orar (vi)	dua etmək	[du'a ɛt'mæk]

peregrinação (f)	zəvvarlıq	[zævvar'lıh]
peregrino (m)	zəvvar	[zæv'var]
Meca (f)	Məkkə	[mæk'kæ]

igreja (f)	kilsə	[kil'sæ]
templo (m)	məbəd	[mæ'bæd]
catedral (f)	baş kilsə	['baʃ kil'sæ]
gótico (adj)	qotik	[go'tik]

sinagoga (f)	sinaqoq	[sina'goh]
mesquita (f)	məsçid	[mæs'tʃid]
capela (f)	kişik kilsə	[ki'tʃik kil'sæ]
abadia (f)	abbatlıq	[abbat'lıh]
convento (m)	qadın monastırı	[ga'dın monastı'rı]
monastério (m)	kişi monastırı	[ki'ʃi monastı'rı]
sino (m)	zənq	['zænh]
campanário (m)	zənq qülləsi	['zænh gyllæ'si]
repicar (vi)	zənq etmək	['zænh ɛt'mæk]
cruz (f)	xaç	['χatʃ]
cúpula (f)	günbəz	[gyn'bæz]
ícone (m)	ikona	[i'kona]
alma (f)	can	['dʒˈan]
destino (m)	qismət	[gis'mæt]
mal (m)	pislik	[pis'lik]
bem (m)	yaxşılıq	[jaχʃı'lıh]
vampiro (m)	xortdan	[χort'dan]
bruxa (f)	caduger qadın	[dʒˈadu'gær ga'dın]
demônio (m)	iblis	[ib'lis]
espírito (m)	ruh	['ruh]
redenção (f)	günahdan təmizlənmə	[gynah'dan tæmizlæn'mæ]
redimir (vt)	günahı təmizləmək	[gyna'hı tæmizlæ'mæk]
missa (f)	ibadət etmə	[iba'dæt ɛt'mæ]
celebrar a missa	ibadət etmək	[iba'dæt ɛt'mæk]
confissão (f)	tövbə etmə	[tøv'bæ ɛt'mæ]
confessar-se (vr)	tövbə etmək	[tøv'bæ ɛt'mæk]
santo (m)	övliya	[øvli'ja]
sagrado (adj)	müqəddəs	[mygæd'dæs]
água (f) benta	müqəddəs su	[mygæd'dæs 'su]
ritual (m)	mərasim	[mæra'sim]
ritual (adj)	mərasimə aid	[mærasi'mæ a'id]
sacrifício (m)	qurban kəsmə	[gur'ban kæs'mæ]
superstição (f)	xurafat	[χura'fat]
supersticioso (adj)	xurafatçı	[χurafa'tʃı]
vida (f) após a morte	axirət dünyası	[aχi'ræt dynja'sı]
vida (f) eterna	əbədi həyat	[æbæ'di hæ'jat]

TEMAS DIVERSOS

198. Várias palavras úteis

ajuda (f)	kömək	[kø'mæk]
barreira (f)	sədd	['sædd]
base (f)	baza	['baza]
categoria (f)	kateqoriya	[katɛ'gorija]
causa (f)	səbəb	[sæ'bæp]
coincidência (f)	üst-üstə düşmə	['just jus'tæ dyʃ'mæ]
coisa (f)	əşya	[æ'ʃa]
começo, início (m)	başlanqıc	[baʃla'ngıdʒ']
cômodo (ex. poltrona ~a)	əlverişli	[ælvɛriʃ'li]
comparação (f)	müqayisə	[mygajı'sæ]
compensação (f)	kompensasiya	[kompɛn'sasija]
crescimento (m)	boy atma	['boj at'ma]
desenvolvimento (m)	inkişaf	[inki'ʃaf]
diferença (f)	fərqlənmə	[færglæn'mæ]
efeito (m)	təsir	[tæ'sir]
elemento (m)	element	[ɛlɛ'mɛnt]
equilíbrio (m)	balans	[ba'lans]
erro (m)	səhv	['sæhv]
esforço (m)	səy	['sæj]
estilo (m)	üslub	[ys'lʲup]
exemplo (m)	misal	[mi'sal]
fato (m)	fakt	['fakt]
fim (m)	son	['son]
forma (f)	forma	['forma]
frequente (adj)	tez-tez	['tɛz 'tɛz]
fundo (ex. ~ verde)	fon	['fon]
gênero (tipo)	növ	['nøv]
grau (m)	derecə	[dæræ'dʒʲæ]
ideal (m)	ideal	[idɛ'al]
labirinto (m)	labirint	[labi'rint]
modo (m)	üsul	['jusul]
momento (m)	an	['an]
objeto (m)	obyekt	[ob'jɛkt]
obstáculo (m)	manee	[manɛ'æ]
original (m)	əsl	['æsl]
padrão (adj)	standart	[stan'dart]
padrão (m)	standart	[stan'dart]
paragem (pausa)	fasilə	[fasi'læ]
parte (f)	hissə	[his'sæ]

partícula (f)	zərrə	[zær'ræ]
pausa (f)	pauza	['pauza]
posição (f)	pozisiya	[po'zisija]
princípio (m)	prinsip	['prinsip]

problema (m)	problem	[prob'lɛm]
processo (m)	proses	[pro'sɛs]
progresso (m)	tərəqqi	[tæræk'ki]
propriedade (qualidade)	xüsusiyyət	[xysusi'æt]

reação (f)	reaksiya	[rɛ'aksija]
risco (m)	risk	['risk]
ritmo (m)	temp	['tɛmp]
segredo (m)	sirr	['sirr]
série (f)	seriya	['sɛrija]

sistema (m)	sistem	[sis'tɛm]
situação (f)	situasiya	[situ'asija]
solução (f)	həll	['hæll]
tabela (f)	cədvəl	[dʒˈæd'væl]
termo (ex. ~ técnico)	termin	['tɛrmin]

tipo (m)	tip	['tip]
urgente (adj)	təcili	[tædʒ'i'li]
urgentemente	təcili	[tædʒ'i'li]
utilidade (f)	xeyir	[xɛ'jɪr]

variante (f)	variant	[vari'ant]
variedade (f)	seçim	[sɛ'tʃim]
verdade (f)	həqiqət	[hægi'gæt]
vez (f)	növbə	[nøv'bæ]
zona (f)	zona	['zona]

www.ingramcontent.com/pod-product-compliance
Lightning Source LLC
Chambersburg PA
CBHW071342090426
42738CB00012B/2976